Rolf Hennig

Die Waffen-
Sachkundeprüfung
in Frage und Antwort

Fünfte, erweiterte Auflage

BLV Verlagsgesellschaft
München Bern Wien

CIP-Kurztitelaufnahme der Deutschen Bibliothek

Hennig, Rolf
Die Waffen-Sachkundeprüfung in Frage
und Antwort. 5., erw. Aufl. — München,
Bern, Wien: BLV Verlagsgesellschaft, 1978.
ISBN 3-405-11966-9

© BLV Verlagsgesellschaft mbH, München, 1978
Druck: Georg Wagner, Nördlingen
Bindung: Conzella, Urban Meister, München
Printed in Germany · ISBN 3-405-11966-9

Vorwort zur ersten Auflage

Das am 1. Januar 1973 in Kraft getretene neue Waffengesetz der Bundesrepublik Deutschland sieht als Voraussetzung für die Erteilung nichtgewerblicher waffenrechtlicher Genehmigungen u. a. eine Sachkundeprüfung vor. Diese Bestimmung ist ein Novum in der Geschichte des deutschen Waffenrechts, auf das sich sowohl die zuständigen Behörden als auch die große Zahl der betroffenen Staatsbürger einstellen müssen. Das wird geraume Zeit dauern und auch gewisse Anfangsschwierigkeiten mit sich bringen, zumal die gesetzlichen Vorschriften nur einen sehr groben Rahmen abstecken, der erst mit Inhalt und Leben zu erfüllen ist.

Der Verfasser dieses Buches — seit rund drei Jahrzehnten aktiver Jäger und Sportschütze, seit vielen Jahren auch als Schießsportfunktionär sowie als Sachverständiger und Ausbilder im polizeilichen, jagdlichen und sportlichen Schießwesen tätig, Mitglied diverser Fachgremien, Autor mehrerer einschlägiger Fachbücher und schließlich Vorsitzender einer Prüfungskommission der Freien und Hansestadt Hamburg für die Abnahme der im neuen Waffengesetz vorgeschriebenen Sachkundeprüfung — hat hier die Grundlagen für diese Prüfung sowie eine erste Übersicht über den Wissensstoff zusammengestellt. Er will dadurch sowohl den Behörden als auch den Ausbildern und Prüflingen einen Leitfaden in die Hand geben, nach dem der Prüfungsstoff gelehrt, gelernt und geprüft werden kann.

Wie bei anderen vergleichbaren Prüfungen (Führerscheinprüfung, Jägerprüfung u. ä.) wird es Jahre dauern, bis sich diese Prüfung einschließlich der notwendigen Vorbereitungen voll eingespielt hat. Der Verfasser dieses Buches wäre deshalb dankbar für die Mitteilung einschlägiger Erfahrungen und Anregungen, um diese in späteren Auflagen berücksichtigen zu können.

Norderstedt, im August 1973   Rolf Hennig

Vorwort zur fünften Auflage

Knapp fünf Jahre nach Erscheinen dieses Buches wird bereits seine fünfte Auflage notwendig. Das zeigt sowohl das große Interesse an dem behandelten Stoff als auch die positive Aufnahme, die diese Art der Verarbeitung in Frage und Antwort bei den Lesern gefunden hat. Sowohl auf Grund einer inzwischen fast fünfjährigen Praxis bei der Waffen-Sachkundeprüfung in Hamburg als auch auf Grund von Anregungen aus dem Leserkreis wurden eine Reihe von Punkten näher präzisiert bzw. erweitert. Auch wurden die seit dem 1. Januar 1975 gültige neue Fassung des Strafgesetzbuches sowie das im ersten Halbjahr 1976 in Kraft getretene Änderungsgesetz zum Waffengesetz und die entsprechend geänderten Verordnungen berücksichtigt. Die neue Auflage geht wiederum in der Hoffnung hinaus, daß sie sowohl Prüflingen, Ausbildern und zuständigen Behörden als auch allen anderen Interessenten von Nutzen sein möge!

Norderstedt, im Frühjahr 1978   Rolf Hennig

Inhaltsverzeichnis

Verzeichnis der Abkürzungen

WaffG	=	Waffengesetz vom 19. September 1972 in der Fassung der Bekanntmachung vom 8. März 1976
1. WaffV	=	Erste Verordnung zum Waffengesetz
2. WaffV	=	Zweite Verordnung zum Waffengesetz
3. WaffV	=	Dritte Verordnung zum Waffengesetz
4. WaffV	=	Vierte Verordnung zum Waffengesetz
5. WaffV	=	Fünfte Verordnung zum Waffengesetz
WaffVwV	=	Allgemeine Verwaltungsvorschrift zum Waffengesetz
BGBl.	=	Bundesgesetzblatt
StGB	=	Strafgesetzbuch
StPO	=	Strafprozeßordnung
BGB	=	Bürgerliches Gesetzbuch

Die Grundlagen der Sachkundeprüfung

1. Die rechtlichen Grundlagen

Seit dem 1. Januar 1973 gilt in der Bundesrepublik Deutschland ein neues Waffengesetz. Gegenüber seinen Vorläufern hat es eine Reihe von Neuerungen gebracht. So macht es u. a. einen Sachkundenachweis zur Voraussetzung für die Erteilung von Waffenbesitzkarte, Munitionserwerbschein, Waffenschein und Schießerlaubnis. Nach den früheren Waffengesetzen brauchten lediglich die Waffenhersteller und Waffenhändler eine Sachkunde nachzuweisen. Außerdem mußten die Jäger vor Erlangung ihres ersten Jagdscheins eine vor gut 40 Jahren eingeführte und seither in ihren Anforderungen immer mehr verschärfte Sachkundeprüfung, die sog. Jägerprüfung, nach den Vorschriften der Jagdgesetze ablegen. Diese Jägerprüfungen umfassen neben zahlreichen anderen Sachgebieten auch das zivile Waffen- und Schießwesen und die einschlägigen gesetzlichen Vorschriften. Alle übrigen Personen jedoch mußten für waffenrechtliche Genehmigungen zwar ein Bedürfnis nachweisen, nicht aber eine Sachkunde. Dadurch war es möglich, daß beispielsweise ein Bankbote oder ein ständig große Lohngeldsummen transportierender Angestellter einer Baufirma eine Pistole kaufen und in der Öffentlichkeit führen durfte, ohne die geringsten Kenntnisse im Umgang mit Waffe und Munition, über das Notwehrrecht oder andere wichtige Bestimmungen besitzen zu müssen.

Bedenkt man, welches Unheil durch unsachgemäße Handhabung von Schußwaffen und Munition angerichtet werden kann und welche Verantwortung demgemäß jeder Waffenbesitzer gegenüber der Öffentlichkeit trägt, so ist die Einführung eines Sachkundenachweises ein zweifellos sehr zu begrüßender Fortschritt. Wenn das neue Waffengesetz in manchen Punkten auch sehr umstritten ist, so wird doch die Einführung des Sachkundenachweises wohl von allen Fachleuten einmütig begrüßt. Sie stellt nunmehr an den Waffenbesitzer ähnliche Anforderungen wie sie bereits seit langem von den Inhabern eines Führerscheins oder eines Jagdscheins verlangt werden.

Das neue Waffengesetz (Waffengesetz vom 19. September 1972 in der Fassung der Bekanntmachung vom 8. März 1976, BGBl. I S. 432) macht in seinem § 30 Abs. 1 Nr. 2 die Sachkunde zur Voraussetzung für die Erteilung der genannten waffenrechtlichen Genehmigungen. Nach § 31 Abs. 1 hat den Nachweis der Sachkunde erbracht, wer eine Prüfung vor der dafür bestimmten Stelle bestanden hat oder seine Sachkunde durch eine Tätigkeit oder Ausbildung nachweist. Nähere Einzelheiten regelt die erste Verordnung zum Waffengesetz (1. WaffV) vom 24. Mai 1976 (BGBl. I S. 1285) in ihren §§ 29 bis 32. Nach § 32 Abs. 1 gilt die Sachkunde insbesondere als nachgewiesen, wenn der Antragsteller

1. a) die Jägerprüfung bestanden hat oder durch eine Bescheinigung eines Ausbildungsleiters für das Schießwesen nachweist, daß er die erforderlichen Kenntnisse durch Teilnahme an einem Lehrgang für die Ablegung der Jägerprüfung erworben hat,

   b) die Gesellenprüfung für das Büchsenmacherhandwerk bestanden hat,

2. a) seine Fachkunde nach § 9 Abs. 1 des Gesetzes (Prüfung für gewerbsmäßige Waffenhersteller und Waffenhändler) nachgewiesen hat,

   b) mindestens drei Jahre im Handel mit Schußwaffen und Munition tätig gewesen ist oder

   c) die nach § 29 der 1. WaffV nachzuweisenden Kenntnisse auf Grund einer anderweitigen, insbesondere behördlichen oder staatlich anerkannten Ausbildung oder als Sportschütze erworben hat,

sofern die Tätigkeit oder Ausbildung ihrer Art nach geeignet war, der erforderliche Sachkunde zu vermitteln.

Die unter Nr. 1 genannten Personengruppen sind also von jeder weiteren Sachkundeprüfung befreit. In den unter Nr. 2 genannten Fällen gilt die Sachkunde jedoch nur als erwiesen, sofern die Tätigkeit oder Ausbildung ihrer Art nach geeignet war, die erforderliche Sachkunde zu vermitteln. Ergänzend bestimmt § 32 Abs. 2, daß bei Antragstellern mit einer nachgewiesenen Ausbildung an Handfeuerwaffen von einem Nachweis der waffentechnischen Kenntnisse abgesehen werden kann. Bei diesen Personen genügt also eine Prüfung der einschlägigen rechtlichen Kenntnisse. Andererseits wird man davon ausgehen dürfen, daß beispielsweise bei einem voll ausgebildeten und noch im Dienst befindlichen Polizeibeamten die Ausbildung ihrer Art nach geeignet war, in vollem Umfang die erforderliche Sachkunde zu vermitteln, d. h., daß hier keinerlei Sachkundeprüfung notwendig ist. Bei den unter Nr. 2 genannten Fällen muß also jeweils geprüft werden, ob auf die Sachkundeprüfung teilweise, z. B. hinsichtlich der waffentechnischen Kenntnisse, oder ganz verzichtet werden kann oder ob sie voll durchgeführt werden muß. In der WaffVwV Nr. 31.2 wird darauf hingewiesen, daß z. B. bei dem Erwerb von Signalwaffen durch Reeder, Schiffseigner, Flughafenunternehmer oder Landeplatzhalter von der Sachkundeprüfung abgesehen werden kann. Der Nachweis der Sachkunde als Sportschütze kann nach der WaffVwV Nr. 31.2 insbesondere durch die Vorlage einer entsprechenden Bescheinigung eines Schießsportvereins geführt werden, sofern sichergestellt ist, daß von ihm vergleichbare Prüfungen durchgeführt werden.

Der Umfang der Sachkundeprüfung wird in § 29 der 1. WaffV umrissen. Danach werden ausreichende Kenntnisse verlangt über

1. die Handhabung der Schußwaffe und den Umgang mit Munition,
2. die Reichweite und Wirkungsweise der Geschosse,
3. die wichtigsten Vorschriften über den Umgang mit Waffen und Munition sowie über Notwehr und Notstand.

Allerdings brauchen Kenntnisse nur für die Schußwaffen- oder Munitionsarten nachgewiesen zu werden, für die die Erlaubnis beantragt worden ist. Andererseits muß derjenige, der eine Erlaubnis zur nichtgewerblichen Waffenherstellung beantragt, eine weitergehende Sachkunde über waffentechnische, innerballistische und Werkstoffkenntnisse erbringen. Wie weit die letzteren zu gehen haben, ob und in welchem Umfang sie sich an den Kenntnissen zu orientieren haben, die für die Erlaubnis zur gewerblichen Waffenherstellung gefordert werden, ist nicht näher geklärt. Zwar liegen auch für die drei obengenannten Sachgebiete keine näheren Angaben über die zu fordernden Kenntnisse vor, doch lassen sich diese unschwer aus den Anforderungen für die seit über 40 Jahren praktizierte Jägerprüfung herleiten.

Nach § 31 der 1. WaffV gilt eine vor Erteilung der Waffenbesitzkarte bestandene Sachkundeprüfung auch als Sachkundenachweis bei der Erteilung eines Munitionserwerbscheins, eines Waffenscheins oder einer Schießerlaubnis, soweit es sich um eine vergleichbare Schußwaffenart handelt.

Die Durchführung der Sachkundeprüfung wird in § 30 der 1. WaffV geregelt und im nächsten Kapitel näher behandelt. Bei Nichtbestehen kann die Prüfung auch mehrmals wiederholt werden. Der Prüfungsausschuß kann bestimmen, daß die Prüfung erst nach Ablauf einer bestimmten Frist wiederholt werden darf.

2. Die verwaltungsmäßigen Grundlagen

Nach § 30 der 1. WaffV bildet die zuständige Behörde Prüfungsausschüsse für die Abnahme der Sachkundeprüfung. Jeder Prüfungsausschuß besteht aus dem Vorsitzenden und zwei Beisitzern, wobei die Mitglieder sachkundig sein müssen und nicht mehr als ein Mitglied des Ausschusses in der Waffenherstellung oder im Waffenhandel tätig sein darf. Der Prüfungsausschuß entscheidet mit Stimmenmehrheit. Über das Ergebnis der Prüfung ist dem Bewerber ein Zeugnis auszustellen, das von dem Ausschußvorsitzenden zu unterzeichnen ist. Außerdem muß über das Ergebnis und den wesentlichen Inhalt der Prüfung eine Niederschrift aufgenommen, vom Ausschußvorsitzenden unterzeichnet und der zuständigen Behörde zugeleitet werden. Abgesehen von diesen allgemeinen Vorschriften bleibt die Vorbereitung und Durchführung der Sachkundeprüfungen der jeweils zuständigen Behörde überlassen.

Da sich mit Ausnahme der Jagdscheininhaber und der zahlenmäßig überhaupt nicht ins Gewicht fallenden Waffenhersteller und Waffenhändler fast alle Antragsteller (Sportschützen, Waffensammler, Waffenscheininhaber u. a.) bei neuen Anträgen für waffenrechtliche Genehmigungen einer derartigen Prüfung unterziehen müssen, ist die Zahl der Prüfungsanwärter so groß, daß sie von ehrenamtlichen Prüfungsausschüssen nicht bewältigt werden kann. Beispielsweise hat allein die Dachorganisation der Sportschützen, der Deutsche Schützenbund, fast eine Million Mitglieder. Es ist deshalb von Anfang an von verschiedenen Seiten angestrebt worden, zumindest die Prüfung der zahlenmäßig weitaus stärksten Gruppe, der Sportschützen, auf die Unterorganisationen des Deutschen Schützenbundes zu delegieren. Bei den seit vielen Jahren eingespielten Jägerprüfungen hat es sich bestens bewährt, die Vorbereitung und Durchführung auf die regionalen Organisationen des Deutschen Jagdschutz-Verbandes zu übertragen. Eine entsprechende Regelung der Sachkundeprüfung nach dem Waffengesetz hinsichtlich der Sportschützen ist bereits in einzelnen Bundesländern als sogenannte Sportschützenprüfung praktiziert worden und hat sich dort sachlich, organisatorisch und wohl auch noch in mancherlei weiterer Beziehung sehr positiv ausgewirkt. Durch die neue Fassung der WaffVwV vom 26. Juli 1976 Nr. 31.2 ist die Durchführung derartiger Prüfungen durch Schießsportvereine ganz offiziell anerkannt worden.

Bei dieser Regelung kann davon ausgegangen werden, daß diejenigen Sportschützen, die bereits mindestens sechs Monate aktiv am Schießsport teilgenommen haben, ausreichende praktische Fähigkeiten im Umgang mit Waffen und Munition besitzen. Bei ihnen wird also eine Prüfung der erforderlichen theoretischen und rechtlichen Kenntnisse vollauf genügen. Entsprechend geschulte und anerkannte Schießsportfunktionäre können in den Untergliederungen des Deutschen Schützenbundes derartige Prüfungen abhalten und entsprechende Bescheinigungen erteilen.

Bei Bewährung dieser Regelung hinsichtlich der Sportschützen, könnte man daran denken, auch die Prüfung anderer größerer Personengruppen auf die entsprechenden Fachverbände zu delegieren. In dieser Beziehung wäre beispielsweise an die Waffensammler oder an diejenigen zu denken, die als Freizeitkapitäne eine Signalpistole erwerben wollen.

3. Die sachlichen Grundlagen

Welche Kenntnisse grundsätzlich in der Sachkundeprüfung zu fordern sind, ist in § 29 der 1. WaffV festgelegt und wurde bereits im ersten Kapitel erwähnt. Wie weit die Kenntnisse im einzelnen zu gehen haben oder was unter »ausreichend« zu verstehen ist, wird in keiner Verordnung näher angegeben. Man wird jedoch nach der allgemeinen Zielsetzung des Waffengesetzes davon ausgehen dürfen, daß einerseits keine überspitzten Fachkenntnisse, andererseits aber so weitreichende Kenntnisse und Fähigkeiten verlangt werden, daß der Prüfling
1. die von ihm zu erwerbende Waffe einschließlich der dazugehörigen Munition so sicher handhaben kann, daß durch Unkenntnis verursachte Unfälle weitgehend ausgeschlossen sind,
2. nicht aus Unwissenheit grob gegen das Waffengesetz oder andere für einen Waffenbesitzer wichtige Gesetze verstoßen wird.
In dem durch diese Zielsetzung und die gesetzlich vorgeschriebenen Sachgebiete gesteckten Rahmen verbleibt immer noch ein beträchtlicher Ermessensspielraum. Er wird vermutlich zu einer ähnlichen Entwicklung führen, wie sie in den vergangenen vier Jahrzehnten bei der Jägerprüfung zu beobachten war: anfangs werden nur die wichtigsten und notwendigsten Kenntnisse verlangt, dann werden langsam im Laufe von Jahren und Jahrzehnten
− unter gleichzeitiger Schaffung und Weiterentwicklung entspre-

chender Lehrbücher, Nachschlagewerke und Repetitorien sowie unter Einrichtung von Vorbereitungslehrgängen — die Anforderungen weiter gesteigert. Dadurch wird nach und nach das Wissensniveau in den zum Waffenbesitz oder Waffenführen berechtigten Personengruppen angehoben, gleichzeitig die Unfallrate und die Quote an fahrlässigen Verstößen gegen das Waffengesetz und andere infragekommende Vorschriften gesenkt.

Dieser Leitfaden soll diejenigen Sachfragen behandeln, die entweder für die Sachkundeprüfung unerläßliches Wissensgut oder die für die Antragsteller oder für die zuständigen Sachbearbeiter der Behörden besonders wissenswert sind. Dabei wird der Stoff in die vorgeschriebenen Sachgebiete aufgegliedert, diese aber wieder so weit untergliedert, daß anhand des Inhaltsverzeichnisses ein schnelles Auffinden bestimmter Teilgebiete möglich ist.

Nach § 30 Abs. 3 der 1. WaffV besteht die Sachkundeprüfung aus einem theoretischen und einem praktischen Teil. Im Hinblick auf das angestrebte Ziel einer möglichst unfallsicheren Waffenhandhabung wird man zweckmäßigerweise alle Fragen, welche die sichere Handhabung von Waffen und Munition betreffen, praktisch prüfen, indem man den Prüflingen die betreffenden Waffen mit der dazugehörigen Munition vorlegt und sie den sicheren Umgang damit demonstrieren läßt. Da nach der 1. WaffV nur Kenntnisse über diejenigen Schußwaffen- und Munitionsarten nachgewiesen werden müssen, für die die Erlaubnis beantragt worden ist, muß der Prüfungsausschuß die entsprechenden Waffen- und Munitionsarten (möglichst unscharfe sogenannte Exerzierpatronen) bereitstellen. Um Mißverständnissen zu begegnen, sei betont, daß in der Verordnung von „Schußwaffen- und Munitionsarten", nicht von dem jeweiligen Modell die Rede ist. Bei den zahllosen auf dem Weltmarkt befindlichen Waffenmodellen der unterschiedlichsten Fabrikate ist es oftmals unmöglich, für eine Sachkundeprüfung gerade diejenige Waffe zu beschaffen, für die ein Prüfling die Genehmigung beantragt hat. Hier genügt es durchaus, wenn der Prüfungsausschuß dem Prüfling eine Schußwaffe gleicher Art — also beispielsweise eine Selbstladepistole — aber anderen Fabrikats und Modells vorlegt.

Da es auf dem zivilen Sektor viele hundert Waffenmodelle gibt, ist es praktisch unmöglich, die Handhabung aller dieser oftmals sehr unterschiedlichen Systeme zu beschreiben. Ein Antragsteller, der eine Sachkundeprüfung ablegen will, tut deshalb gut daran, sich rechtzeitig vor der Prüfung von seinem Waffenhändler eine

Gebrauchsanleitung für die von ihm beantragte Waffe geben zu lassen, diese zu studieren und sich schließlich von dem Waffenhändler in der praktischen Handhabung der Waffe unterweisen zu lassen. Die auf diese Weise erworbenen Kenntnisse genügen vollauf für den gesetzlich vorgeschriebenen Sachkundenachweis. Darüber hinausgehende Kenntnisse, etwa über spezielle waffentechnische oder ballistische Fragen o. ä., werden vom Gesetz nicht gefordert.

Ob die Sachkundeprüfung auch eine Schießprüfung umfassen soll oder kann, ist bislang nicht geklärt. Mit Sicherheit werden bei der Sachkundeprüfung keine größeren Anforderungen an die Schießkünste des Kandidaten gestellt werden dürfen. Andererseits gehören gewisse Minimalleistungen im Schießen zum sicheren Umgang mit der Waffe. Auch in der Jägerprüfung werden seit Jahren gewisse Minimalleistungen im Schießen verlangt. Bedenkt man, daß der Jäger seine Schußwaffe in der freien Landschaft, der Waffenscheininhaber dagegen meist in geschlossenen Ortschaften führt, wäre die Forderung von Minimalleistungen im Schießen zumindest für künftige Waffenscheininhaber sicherlich nicht unbillig. Sollte in Zukunft im Rahmen der praktischen Sachkundeprüfung auch ein Schießen mit gewissen Minimalforderungen durchgeführt werden, so kann dem Prüfling auch hier nur empfohlen werden, sich von seinem Waffenhändler mit der beantragten Waffe auf dem Schießstand im Schießen unterweisen zu lassen.

Den richtigen und sicheren Umgang mit Waffe und Munition einschließlich des eigentlichen Schießens wird man also am besten unter der praktischen Anleitung des Waffenhändlers oder einer anderen hierin erfahrenen Person erlernen — weit schneller und besser als aus einem Lehrbuch. Im einzelnen wird es dabei auf folgende Punkte ankommen:

1. laden, entladen, sichern und entsichern der Waffe unter Beachtung aller Sicherheitsmaßnahmen;
2. anschlagen der Waffe und (simulierte oder scharfe) Schußabgabe;
3. Waffen reinigen wie es nach jedem Schießen notwendig ist einschließlich des dafür erforderlichen Zerlegens — nicht ein gründliches Reinigen mit restloser Zerlegung, wie es vom Büchsenmacher vorgenommen werden sollte;
4. Beseitigung von Ladehemmungen und anderen leichten Waffenstörungen, soweit die Störungsbeseitigung aus Sicherheitsgründen unverzüglich vom Waffenbesitzer vorgenommen wer-

den muß, gegebenenfalls Sicherheitsmaßnahmen, die zur Beseitigung einer akuten Gefahr durch die gestörte Waffe getroffen werden müssen;

5. zeigen und bezeichnen der »wesentlichen Teile« im Sinne des Waffengesetzes an der Waffe;
6. zeigen und bezeichnen der Kaliberangaben und der Beschuß- bzw. Prüfzeichen an der Waffe;
7. Identifizierung der zu einer bestimmten Schußwaffe gehörigen Munition, um ein unfallträchtiges Laden falscher Munition auszuschließen.

Bei all diesen praktischen Übungen im Rahmen der Prüfung ist weniger auf die technische Perfektion als vielmehr und in allererster Linie auf die sichere Handhabung im Hinblick auf eine Unfallverhütung zu achten.

Da sowohl die praktische Handhabung der Waffen als auch das Schießen nur schwer aus Büchern erlernbar sind und es überdies wesentlich einfachere Möglichkeiten des Erlernens (z. B. durch Anleitung seitens des Waffenhändlers) gibt, sollen diese Dinge in diesem Leitfaden nicht beschrieben werden. Hier werden nur die Punkte behandelt, die theoretisch zu prüfen sind. Aus Gründen der leichteren Erfaßbarkeit werden sie in Form von Fragen und Antworten dargestellt. Gleichzeitig werden dadurch den Prüfern Fragenkataloge für die Prüfung in die Hand gegeben. Um Mißverständnisse zu vermeiden, muß dazu gesagt werden, daß selbstverständlich eine Frage über den gleichen Gegenstand durchaus unterschiedlich formuliert werden kann. Die folgenden, beispielhaft angeführten Fragen zielen sämtlich auf dieselbe Gesetzesbestimmung ab und erfordern die gleiche Antwort:

Wie definiert das Waffengesetz den Begriff der Schußwaffe?
Was ist eine Schußwaffe im Sinne des Waffengesetzes?
Nennen Sie die wichtigsten Merkmale einer Schußwaffe!
Welche Eigenschaften muß ein Gegenstand besitzen, um als Schußwaffe zu gelten?

Andererseits braucht die Antwort auf eine Frage selbstverständlich nicht unbedingt dem vollen Wortlaut des Gesetzes oder der Antwort dieses Buches zu entsprechen. Stets kommt es weniger auf eine in jeder Hinsicht korrekte als vielmehr auf eine sinngemäß richtige Antwort an. In vielen Fällen genügt auch eine beispielhafte Aufzählung, etwa bei der Frage nach den Ausschließungsgründen für die Zuverlässigkeit im Sinne des Waffengesetzes oder bei der

Frage nach den Kaliberbezeichnungen. Sowohl bei der Bewertung der einzelnen Antworten als auch bei der Bewertung des Gesamtergebnisses ist stets die große Zielsetzung der Sachkundeprüfung im Auge zu behalten: zu verhindern, daß durch grobe Unkenntnis Unfälle entstehen oder strafbare Handlungen begangen werden. Selbstverständlich ist seitens der Prüfer der Fragenkatalog dieses Buches nicht so aufzufassen, daß dem Prüfling nun sämtliche Fragen vorgelegt werden. Eine kleine Auswahl – gut über das Gesamtgebiet verteilt – genügt. Auch ist zu bedenken, daß keineswegs alle Fragen für alle Kandidaten überhaupt infrage kommen. Beispielsweise braucht ein Sportschütze nicht Dinge zu wissen, die ausschließlich für einen Waffenscheininhaber von Bedeutung sind und umgekehrt. Die Prüfung ist also jeweils konkret auf die Anforderungen auszurichten, die an den jeweiligen Prüfling zu stellen sind. Der umfassende Fragenkatalog dieses Buches soll dafür lediglich Anregung und Material geben. Zwischen den einzelnen Fragen ist absichtlich viel Platz gelassen worden, um dem Besitzer des Buches die Möglichkeit zu geben, sich zu einzelnen Punkten noch eigene Notizen zu machen.

Bei den Antworten auf die meisten rechtlichen Fragen ist die jeweilige Stelle des Waffengesetzes beziehungsweise der zutreffenden Verordnung angegeben. Selbstverständlich braucht ein Prüfling diese Paragraphenangaben nicht zu wissen. Sie sind in diesem Buch nur gemacht worden, damit jeder Interessent sie auch im Originaltext des Gesetzes beziehungsweise der Verordnung nachlesen kann. Eine vollständige Textsammlung des neuen Waffengesetzes und aller im Zusammenhang damit wichtigen Verordnungen findet sich einschließlich einer umfangreichen Einleitung in dem ebenfalls im BLV-Verlag erschienenen Buch „Waffenrecht für Sportschützen, Jäger und Waffensammler". Wer sich gründlich über das Waffengesetz, seine Durchführungsverordnungen und die allgemeine Verwaltungsvorschrift orientieren will, sei ausdrücklich darauf hingewiesen. In dem hier vorliegenden Vorbereitungsbuch auf die Sachkundeprüfung sind nur die wichtigsten rechtlichen Fragen behandelt, die für die Sachkundeprüfung von Bedeutung sind.

Das jetzt vor dem Leser liegende Buch stellt also einen Leitfaden für die Vorbereitung und Durchführung der theoretischen Sachkundeprüfung dar, wie sie für die Erteilung einer Waffenbesitzkarte, eines Munitionserwerbscheins, eines Waffenscheins oder einer Schießerlaubnis abgelegt werden muß. Die wesentlich weiter reichenden Anforderungen für die Genehmigungen zur gewerblichen oder nichtgewerblichen Waffenherstellung sowie zum Waffenhandel sind nicht berücksichtigt, da sie für die breite Masse der Waffeninteressenten Ballast sein und sie lediglich verwirren würde. Wer diese weiterreichenden Genehmigungen beantragt, wird im allgemeinen ohnehin eine entsprechende Berufsausbildung genossen haben. In den seltenen Fällen, in denen die Waffenherstellungserlaubnis aus reiner Liebhaberei beantragt wird, muß sich der Antragsteller durch ein gründliches Selbststudium die nötigen Kenntnisse aneignen.

Zur Benutzung dieses Buches sei folgendes angemerkt: Hinweise auf andere Gesetze als das Waffengesetz und auf Verordnungen sind in diesem Buch stets mit der Bezeichnung des betreffenden Gesetzes bzw. der betreffenden Verordnung versehen, meist mit der im Abkürzungsverzeichnis dieses Buches (s. S. 8) angegebenen Abkürzung (z. B. § 8 Abs. 1 der 1. WaffV oder § 127 Abs. 1 StPO). Fehlt die Bezeichnung des Gesetzes, so ist stets das Waffengesetz in der Fassung der Bekanntmachung vom 8. März 1976 gemeint.

Die Handhabung von Waffen und Munition

1. Allgemeine Sicherheitsregeln

Welches ist das oberste Gebot für jeden Umgang mit Schußwaffen?

Die Beachtung aller Sicherheitsmaßnahmen!

Welches ist die wichtigste Sicherheitsregel im Umgang mit Schußwaffen?

Eine Schußwaffe ist immer als geladen zu betrachten, solange man sich nicht selber unmittelbar vorher vom Gegenteil überzeugt hat!

Wann dürfen Sie Ihre Waffe auf einen Menschen richten?

Nur im Falle der Notwehr! Sonst niemals!!!

Was ist vor jeder Schußabgabe zu beachten?

Vor jeder Schußabgabe hat sich der Schütze davon zu überzeugen, ob eventuell durch den Schuß Menschen gefährdet werden können.

Was soll man vor dem Laden einer Schußwaffe tun?

Bevor man eine Schußwaffe lädt, soll man sich davon überzeugen, ob der Lauf frei von Hindernissen ist. Stecken gebliebene Geschosse, Reinigungspolster u. ä., im Extremfall sogar eine dicke Schicht steif gewordenen Waffenfetts, können Ursache für eine Laufaufbauchung oder gar eine Waffensprengung und damit einer schweren Verletzung des Schützen oder umstehender Personen werden. Falls der Lauf irgendwelche Hindernisse aufweist oder dick eingeölt ist, muß er vor dem Laden mit einem Reinigungspolster durchgezogen werden.

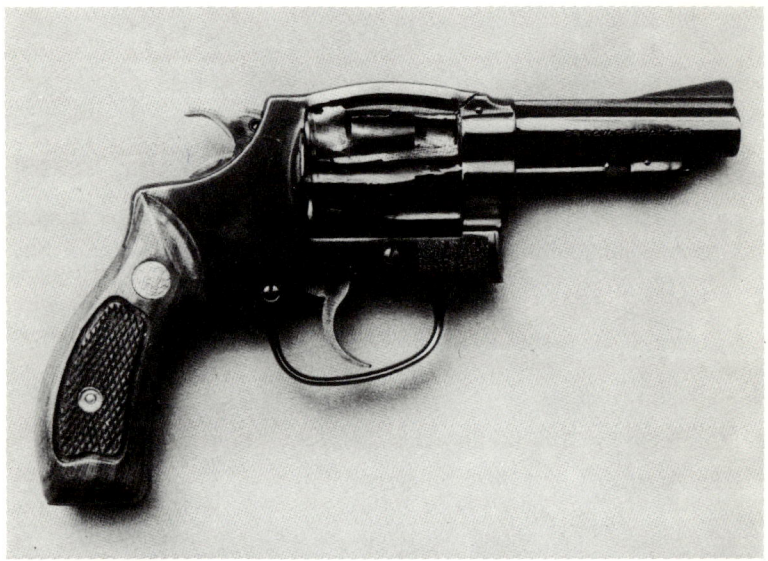

Bei diesem Revolver führte eine stark überladene Patrone zur Sprengung der Waffe. Bei derartigen Unfällen können nicht nur wertvolle Waffen zerstört, sondern auch der Schütze oder umstehende Personen schwer verletzt werden.

Was ist beim Laden zu beachten?

Beim Laden, Entladen und bei jedem sonstigen Hantieren ist eine Schußwaffe stets so zu halten, daß sie niemals in Richtung eines Menschen, sondern in eine ungefährliche Richtung, am besten gegen den Boden, gegen einen sicheren Kugelfang oder steil nach oben weist.

Was ist bei mehrschüssigen Waffen zu beachten?

Es ist daran zu denken, daß sowohl mehrläufige Waffen als auch einläufige Mehrlader nach Schußabgabe weiterhin geladen sein können. Mehrläufige und Selbstladewaffen sind dann in der Regel voll feuerbereit; Revolver sind zwar nach Schußabgabe entspannt, aber gegebenenfalls auch weiterhin geladen.

Was ist beim Entladen von Selbstlade- und Repetierwaffen zu beachten?

Es ist daran zu denken, daß sich nach Entfernung oder Entleerung des Magazins noch eine Patrone im Patronenlager des Laufes befinden und damit die Waffe weiterhin schußbereit sein kann. Es muß deshalb nach dem Entladen stets auch das Patronenlager kontrolliert werden!

Was ist beim Entladen von Revolvern zu beachten?

Es ist zu kontrollieren, ob alle Kammern der Trommel entladen worden sind.

Welchen Zweck haben Sicherungen an Schußwaffen?

Die Verhinderung einer unbeabsichtigten Schußabgabe.

Wie sicher sind Sicherungen?

Es gibt eine ganze Reihe unterschiedlicher Sicherungssysteme, die auch einen unterschiedlich hohen Sicherheitsgrad aufweisen. Jeder Waffenbesitzer muß sich jedoch darüber im klaren sein, daß es keine in jedem Fall und unter allen Umständen hundertprozentige Sicherung gibt. Manche Sicherungen — auch an teuren Waffen — können schon bei einem harten Fall der Waffe unwirksam werden und eine unbeabsichtigte Schußauslösung zulassen. Sehr viel sicherer als eine »gesicherte« Waffe ist im allgemeinen eine entspannte Waffe, jedenfalls dann, wenn aufgrund der Konstruktion der Schlagbolzen bei ungespannter Waffe die Patrone nicht berühren kann. Die hochwertigen modernen Markenrevolver in- und ausländischer Produktion besitzen deshalb in der Regel keine Sicherung. Aufgrund ihrer Konstruktion können sie bei sofortiger, völlig verzögerungsfreier Schußbereitschaft ungespannt und dadurch absolut sicher getragen werden. Sie sind dadurch sehr viel sicherer als die meisten Selbstladepistolen mit Sicherung. Ähnliche Konstruktionsmerkmale wie die genannten Revolver bieten einige moderne Selbstladepistolen. Auch eine Reihe von Gewehrmodellen besitzt keine Sicherung, sondern kann im geladenen Zustand ungespannt und damit sehr viel sicherer getragen werden als eine gesicherte Waffe. Das Spannen geht bei manchen dieser Gewehre genauso schnell wie ein Entsichern. Waffen, die in geladenem Zustand entspannt sein können, sind anderen Waffen, die im geladenen Zustand immer gespannt sind und nur gesichert werden können, vorzuziehen. Die allerbeste Sicherung ist in jedem Fall das vollkommene Entladen einer Schußwaffe.

Welche Grundtypen von Sicherungen gibt es?

Nach ihrer jeweiligen Wirkungsweise kann man die Sicherungen in drei Gruppen einteilen:

1. Sicherungen, die lediglich den Abzug blockieren. Sie können ein unbeabsichtigtes Abziehen verhindern. Durch einen harten Schlag gegen die Waffe kann aber unter Umständen ein Schuß ausgelöst werden.
2. Sicherungen, welche die Kraftübertragung vom Abzug zu der das Schlagstück (bzw. Hahn) sperrenden Raste blockieren (sogenannte Stangensicherungen). Diese bieten bereits eine etwas höhere Sicherheit.
3. Sicherungen, die den Schlagbolzen oder das Schlagstück blokkieren. Diese Sicherungen bieten den höchsten Sicherheitsgrad.

Was ist bei der Übergabe einer Waffe zu beachten?

Bei Übergabe einer Schußwaffe an eine andere Person ist dieser der Bereitschaftszustand bekanntzugeben, z. B. »geladen und gesichert«. Ausnahmen hiervon dürfen nur gemacht werden, wenn der Zustand auf den ersten Blick zweifelsfrei erkennbar ist, beispielsweise bei einer zerlegten Waffe, bei einem aufgeklappten Kipplaufgewehr o. ä.

Was ist bei der Übernahme einer Waffe zu beachten?

Der Übernehmende hat sich sofort zu überzeugen, in welchem Bereitschaftszustand sich die Waffe befindet.

2. Waffenarten

Was sind Handfeuerwaffen?

Handfeuerwaffen sind — im Gegensatz zu Geschützen — alle Waffen, die von einem Mann getragen und aus der Hand (also ohne Lafette o. ä.) abgefeuert werden können und bei denen zum Antrieb der Geschosse heiße Gase verwendet werden.

Welche Hauptarten von Handfeuerwaffen unterscheidet man?

1. Gewehre oder Langwaffen, die mit einem Kolben oder einer Schulterstütze in die Schulter eingesetzt und mit beiden Händen gehalten werden.
2. Faustfeuerwaffen oder Kurzwaffen, die normalerweise nur mit einer Hand gehalten und abgefeuert werden.

Welche Grundtypen von Gewehren gibt es?

Büchsen, Flinten und kombinierte Gewehre (s. Abb. S. 25—26).

Welcher Unterschied besteht zwischen Büchse und Flinte?

Eine Büchse ist ein Gewehr mit gezogenem Lauf für Einzelgeschosse. Eine Flinte ist ein Gewehr mit glattem Lauf zum Verschießen von Schrotladungen.

Gewehrtypen

Flinten

Einläufige Flinte
(Einzel- und Mehrlader)

Büchsen

Einläufige Büchse
(Einzel- und Mehrlader)

Doppelflinte

Doppelbüchse

Bockdoppelflinte

Bockdoppelbüchse

Schrotdrilling

Bergstutzen

Kombinierte Gewehre

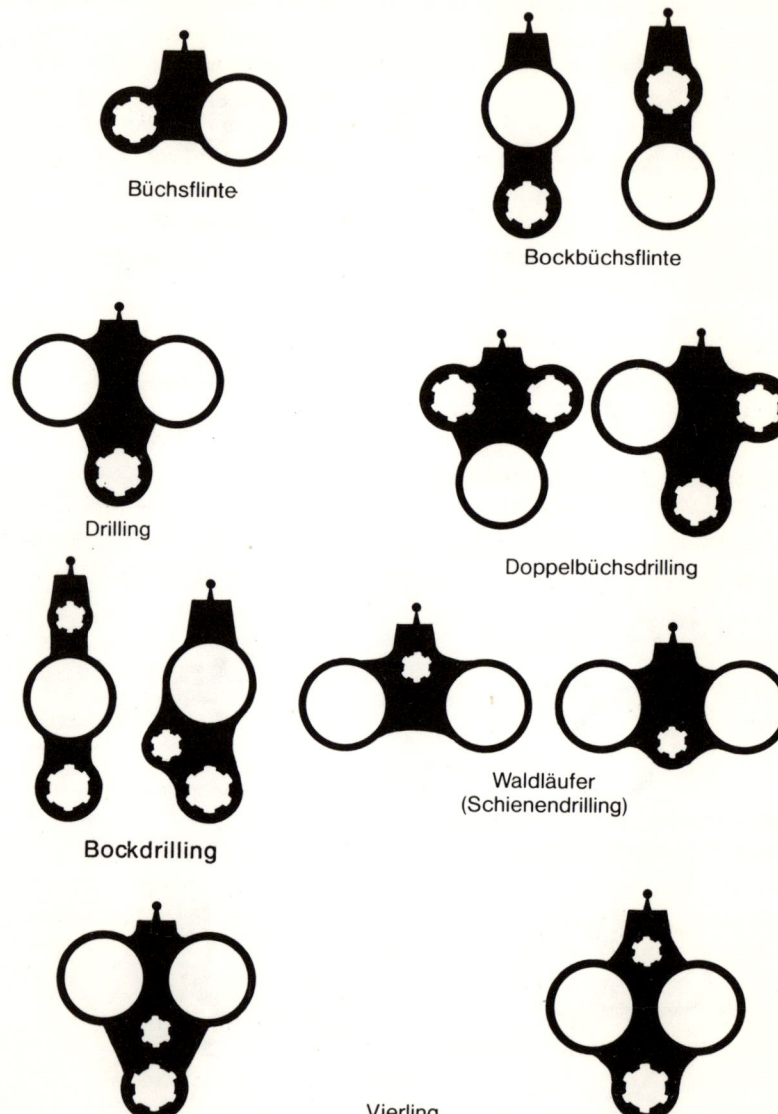

Büchsflinte

Bockbüchsflinte

Drilling

Doppelbüchsdrilling

Bockdrilling

Waldläufer
(Schienendrilling)

Vierling

Kann man aus Flintenläufen auch Einzelgeschosse verschießen?

Obwohl die glatten Flintenläufe eigentlich für den Schrotschuß bestimmt sind, kann man aus ihnen auch speziell hierfür konstruierte Einzelgeschosse, die sog. Flintenlaufgeschosse, verschießen. Diese Flintenlaufgeschosse sind jedoch nur als Notlösung aufzufassen, da ihre Schußpräzision – im Vergleich zu den aus gezogenen Läufen verschossenen Büchsengeschossen – nur gering ist. Dadurch kommen die Flintenlaufgeschosse ausschließlich für jagdliche Zwecke auf kurze Entfernung (bis etwa Schrotschußentfernung, also bis etwa 40 m) infrage, d. h. hauptsächlich für Nachsuchen auf krankes Schalenwild, ausnahmsweise auch noch für spezielle Saujagden.

Was sind kombinierte Gewehre?

Kombinierte Gewehre sind mehrläufige Gewehre, die mindestens einen Büchsen- und einen Flintenlauf enthalten: Büchsflinten, Bockbüchsflinten, Drillinge, Bockdrillinge, Doppelbüchsdrillinge, Vierlinge u. ä. Bei all diesen Waffentypen handelt es sich um reine Jagdgewehre (s. Abb. S. 26).

Was versteht man unter Kleinkalibergewehr oder Kleinkaliberbüchse?

Im Gegensatz zu dem allgemeineren Begriff des kleinkalibrigen Gewehrs oder der kleinkalibrigen Büchse (Büchse mit relativ kleinem Kaliber jedoch für oftmals recht unterschiedliche Munition) versteht man unter Kleinkalibergewehr oder Kleinkaliberbüchse ein Gewehr mit gezogenem Lauf für die Patrone .22 l. r. (long rifle = lang für Büchsen).

Was sind Kipplaufgewehre?

Gewehre, bei denen zum Laden und Entladen nach Entriegeln des Verschlusses die Läufe abgekippt werden. Alle mehrläufigen Hinterladegewehre sowie einige einläufige Hinterladegewehre sind nach dem Kipplaufprinzip konstruiert.

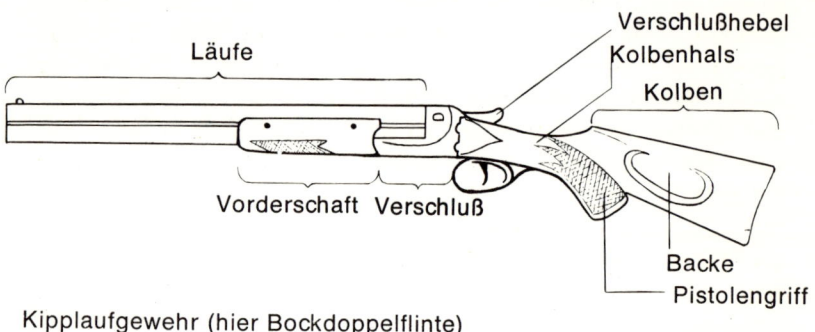

Kipplaufgewehr (hier Bockdoppelflinte)

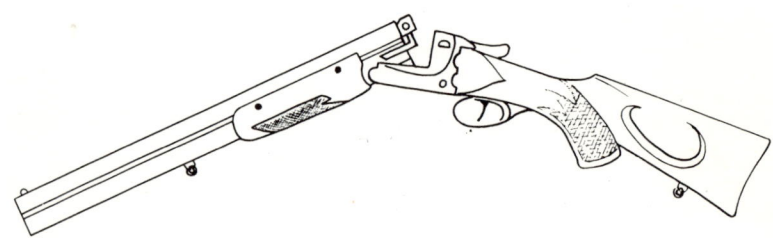

Bockdoppelflinte aufgeklappt

Was sind Repetiergewehre?

Repetiergewehre sind einläufige, mehrschüssige Gewehre und besitzen ein Magazin für eine mehr oder minder große Zahl von Patronen, die jedoch nicht — wie beim Selbstlader — automatisch, sondern nur durch eine besondere Handlung des Schützen, das sogenannte Repetieren, in das Patronenlager nachgeführt werden. Gleichzeitig wird beim Repetieren die leere Hülse des vorherigen Schusses ausgeworfen und das Schloß für den neuen Schuß gespannt. In Europa sind vor allem Repetierbüchsen bekannt, bei denen das Repetieren mit Hilfe eines rechtsseitigen Kammerstengels erfolgt (Mauser-System und ähnliche). In Amerika sind außerdem zwei andere Arten von Repetiersystemen weit verbreitet: die Unterhebelrepetierer (lever action) und die Vorderschaftrepetierer (pump action, slide action). Letztere werden vielfach auch als Flinten (pump guns) hergestellt. Da das Repetieren zwischen den Schüssen eine besondere manuelle Tätigkeit erfordert, zählen die Repetierwaffen zwar zu den Mehrladern, nicht aber zu den Selbstladern.

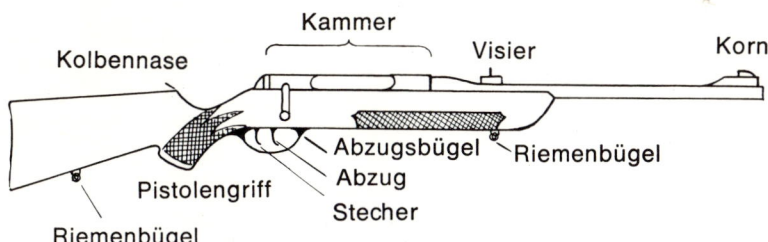

Repetierbüchse

Welche Grundtypen von Faustfeuerwaffen gibt es?

Einläufige einschüssige Pistolen, mehrläufige Pistolen, Selbstladepistolen und Revolver. Als Gebrauchswaffen besitzen heute jedoch
nur noch die Selbstladepistolen und die Revolver eine größere
Verbreitung.

Selbstladepistole

Revolver

Was sind Selbstladewaffen im waffentechnischen Sinne?

Im waffentechnischen Sinne sind Selbstladewaffen solche Schußwaffen, bei denen nach Abgabe eines Schusses durch die Rück-
stoßenergie oder durch den Gasdruck ein Mechanismus in Gang
gesetzt wird, der die abgeschossene Patronenhülse auswirft, eine
neue Patrone aus dem Magazin in das Patronenlager repetiert und
das Schloß spannt, so daß der Schütze für den nächsten Schuß
lediglich erneut abzuziehen braucht. Das neue Waffengesetz definiert den Begriff der Selbstladewaffe allerdings etwas anders, so
daß danach außer den Rückstoß- und Gasdruckladern auch die
double action-Revolver zu den Selbstladewaffen zählen. Es ist
also stets darauf zu achten, ob der Begriff der Selbstladewaffe im
waffentechnischen oder im Sinne des Waffengesetzes gemeint ist.

Was sind halbautomatische Waffen?

Hier handelt es sich lediglich um eine andere Bezeichnung für
Selbstladewaffen (im waffentechnischen Sinne).

Was sind vollautomatische Waffen?

Vollautomatische oder Maschinenwaffen funktionieren ähnlich wie
halbautomatische oder Selbstladewaffen. Der Unterschied liegt
lediglich darin, daß bei den Halbautomaten für jeden Schuß erneut
abgezogen werden muß, während ein Vollautomat bei einmaligem
Abziehen so lange feuert, bis entweder alle in der Waffe vorhandenen Patronen verschossen sind oder der Abzug vom Schützen wieder vorgelassen wird.

Wie funktionieren Selbstladepistolen?

Im Prinzip wie alle anderen Selbstlader (siehe oben). In der untenstehenden Abbildung ist eine Selbstladepistole im Schnittbild dargestellt.

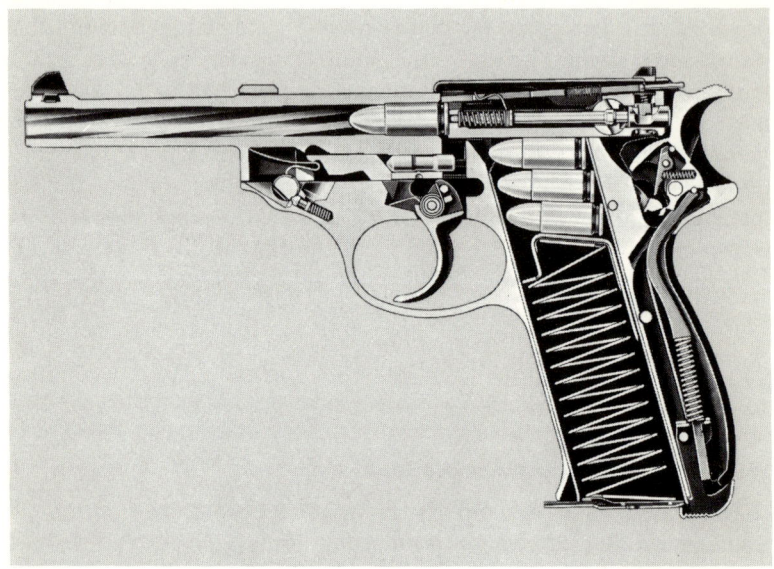

Schnitt durch P 38 (P 1 der Bundeswehr)

Die Magazinkapazität der gängigen Gebrauchspistolen beträgt 6 bis 9 Patronen, bei einigen Modellen bis zu 15 Patronen. Das leergeschossene Magazin kann bei allen heutigen Gebrauchspistolen als ganzes herausgezogen und gegen ein volles Ersatzmagazin ausgetauscht werden.

Wie funktioniert ein Revolver?

Ein Revolver (unnötigerweise gelegentlich auch als Trommelrevolver bezeichnet) besitzt kein Magazin, sondern eine Trommel oder Walze, in der sich mehr oder minder viele (meist fünf bis sechs) Kammern für je eine Patrone befinden. Vor jedem Schuß wird durch Spannen des Hahnes per Hand oder über den Spannabzug die Trommel um jeweils eine Kammer weitergedreht, so daß auch beim Revolver alle in der Waffe befindlichen Patronen schnell hintereinander abgefeuert werden können. In der untenstehenden Abbildung wird ein Revolver gezeigt, in dessen seitlich ausgeschwenkter Trommel deutlich die sechs Kammern zu erkennen sind.

Es gibt Revolver, bei denen vor jeder Schußabgabe der Hahn per Hand gespannt werden muß (single action) und solche Revolver, bei denen jeder Schuß auch mittels Spannabzug abgefeuert werden kann (double action). Letztere gehören im waffenrechtlichen Sinne zu den Selbstladewaffen.

Was sind Einsteckläufe?

Einsteckläufe sind Läufe, die außen das Kaliber des sog. Mutterlaufes, also desjenigen Laufes haben, in den sie eingeführt werden sollen, und die innen ein kleineres Kaliber haben. Mit ihrer Hilfe können aus der größer kalibrigen Waffe schwächer kalibrige Patronen verschossen werden. Einsteckläufe gibt es insbesondere für Flintenläufe. Verschossen werden aus ihnen meistens Patronen .22 l.r. oder .22 Winchester Magnum. Eine größere Verbreitung besitzen auch Einsteckläufe für großkalibrige Pistolen und Revolver, aus denen z.T. die Patrone .22 l.r., z.T. die 4-mm-Übungspatrone verschossen wird. Eine besondere Gruppe von Einsteckläufen sind die sog. Einsteckpatronen. Dieses sind Einsteckläufe, die außen die Abmessungen und Formen der Originalpatrone der Waffe haben und aus denen die 4-mm-Übungspatrone verschossen wird. Durch ihre sehr geringe Länge ist die Treffgenauigkeit dieser kleinen Läufe nicht sehr groß.

Was sind Wechselläufe?

Im Gegensatz zu den Einsteckläufen werden Wechselläufe nicht in andere Läufe eingeführt, sondern vollständig gegen diese ausgetauscht. Solche Wechselläufe gibt es hauptsächlich für Gewehre, aber auch für einige wenige Faustfeuerwaffen-Modelle. Bei den Gewehren findet man sehr häufig Wechsellaufpaare für doppelläufige Gewehre. Am verbreitetsten sind Doppelflinten- und Doppelbüchsen-Wechselläufe für Büchsflinten bzw. Bockbüchsflinten.

Wozu dienen Reduzierhülsen?

Mit ihrer Hilfe können aus einer Waffe Patronen mit dünnerer und kürzerer Hülse und dadurch billigere und schwächere Patronen gleichen Kalibers verschossen werden, zum Beispiel die Patrone .22 Hornet aus einer Büchse 5,6 x 57. Die Reduzierhülsen dienen also ähnlichen Zwecken wie die Einsteckläufe und werden auch wie diese in die Waffe eingeführt. Im Gegensatz zu den eigentlichen Einsteckläufen wird hier jedoch die Geschoßführung durch den Originallauf der Waffe getätigt.

Was ist ein Stecher?

Der Stecher (gelegentlich auch als Schneller bezeichnet) ist eine Zusatzvorrichtung im Abzugssystem, die es ermöglicht, den Abzugswiderstand auf ein Minimum zu reduzieren und dadurch ganz besonders genaue Schüsse abzugeben. Stecher finden sich heute vor allem in Jagdbüchsen, in kombinierten Jagdgewehren und in Matchpistolen (für das Schießen auf 50 m in der Disziplin Freie Pistole). Bei den Jagdgewehren unterscheidet man den Deutschen oder Doppelzüngelstecher und den Französischen oder Rückstecher. Der Deutsche Stecher findet sich in den meisten einläufigen Jagdbüchsen deutscher und österreichischer, gelegentlich auch anderer europäischer Produktion. Er ist charakterisiert durch das Vorhandensein von zwei Abzügen an einläufigen Büchsen. Das Auslösen des Schusses erfolgt durch den vorderen Abzug, und zwar entweder ungestochen, wobei ein hoher Abzugswiderstand zu überwinden ist, oder eingestochen, wobei nur ein äußerst geringer Abzugswiderstand zu überwinden ist. Das Einstechen erfolgt durch Zurückziehen des hinteren Abzugs, bis dieser hörbar einrastet. Der Rückstecher findet sich bei einigen einläufigen Büchsen sowie bei Doppelbüchsen und kombinierten Gewehren. Die Schußabgabe ist auch hier sowohl ungestochen als auch eingestochen möglich. Das Einstechen erfolgt durch Vordrücken des Abzugs, bis dieser hörbar einrastet. Bei Matchpistolen ist die Schußabgabe meist nur in gestochenem Zustand möglich. Das Einstechen erfolgt bei den meisten heutigen Modellen durch Betätigen eines seitlichen Hebels.

3. Munitionsarten

Welche Munition dürfen Sie aus Ihrer Waffe verschießen?

Nur Munition, für die Ihre Waffe konstruiert und zugelassen ist. Auf jeder Waffe befindet sich eine entsprechende Angabe.

Worauf ist bei der Auswahl der Patronen zu achten?

Bei der Auswahl der Patronen für eine bestimmte Waffe ist streng darauf zu achten, daß sie genau die Bezeichnung führen, die auf der Waffe angegeben ist. Andere, nicht zu der Waffe gehörige Munition kann zwar in vielen Fällen geladen werden, kann dann aber u. U. zu Waffensprengungen und damit zu sehr schweren Unfällen führen. Von dieser Regel gibt es allerdings einige Ausnahmen. So dürfen aus allen Waffen des Kalibers .357 Magnum alle Patronen des Kalibers .38 Special und aus allen Waffen des Kalibers .44 Magnum alle Patronen des Kalibers .44 Special verschossen werden — nicht jedoch umgekehrt! Wer bezüglich solcher Ausnahmen nicht absolut sicher ist, sollte sich stets genauestens nach den Angaben auf der Waffe richten.

Was versteht man unter Kaliber?

Den Innendurchmesser des Laufes bzw. den Durchmesser des Einzelgeschosses. Bei gezogenen Läufen unterscheidet man noch Feldkaliber (Durchmesser zwischen den Feldern) und Zugkaliber (Durchmesser zwischen den Zügen).

Wie werden die Büchsenkaliber bezeichnet?

Auf dem europäischen Kontinent werden Büchsenkaliber durch zwei Zahlen gekennzeichnet, von denen die erste das Geschoßkaliber, die zweite die Hülsenlänge angibt. Beispielsweise bedeutet 8x57, daß diese Patrone einen Geschoßdurchmesser von 8 mm und eine Hülsenlänge von 57 mm besitzt. Da es nun manchmal sehr ähnliche Patronen gibt, die jedoch nicht aus der selben Waffe verschossen werden dürfen, erfolgt zu diesen Zahlen manchmal noch ein Zusatz in Form großer Buchstaben. So gibt es z. B. 8x57 I, 8x57 IR, 8x57 IS und 8x57 IRS. In England und Amerika werden die Büchsenkaliber in hundertstel bzw. tausendstel Zoll angegeben, oftmals sehr stark abgerundet. Beispiele: Kaliber .30 oder .300. Da es auch hier oftmals sehr ähnliche Patronen gibt, die jedoch nicht aus der selben Waffe verschossen werden dürfen, folgt manchmal noch eine zweite Zahlenangabe und/oder ein Name, beispielsweise .30/30 Winchester, .30/06 Springfield, .300 Winchester Magnum, .300 Weatherby Magnum.

Wie werden Faustfeuerwaffenkaliber gekennzeichnet?

Ähnlich wie Büchsenkaliber werden Faustfeuerwaffenkaliber auf dem europäischen Kontinent mit dem Geschoßkaliber in mm gekennzeichnet; jedoch wird die Hülsenlänge meistens nicht angegeben. Zur Unterscheidung ähnlicher Patronen erfolgt oftmals ein besonderer Zusatz. Beispiele: 7,65 mm Browning und 7,65 mm Parabellum (7,65 mm Para), 9 mm Browning (auch 9 mm kurz genannt) 9 mm Parabellum (9 mm Para). In England und Amerika erfolgt die Bezeichnung wie bei den Büchsenkalibern in hundertstel bzw. tausendstel Zoll, wobei oftmals noch ein Zusatz erfolgt, um ähnliche Patronen unterscheiden zu können. Beispiele: .38 Short Colt, .38 Long Colt, .38 S & W, .38 S & W Special, .357 Magnum.

Wie werden die Flintenkaliber bezeichnet?

Neuerdings werden einige amerikanische Flintenkaliber in tausendstel Zoll angegeben, z. B. das Kaliber .410. Ansonsten ist es auf
der ganzen Welt üblich, die Flintenkaliber mit der Zahl der aus
einem englischen Pfund Blei (453,6 g) zu gießenden Rundkugeln
zu bezeichnen. Die heute für Jagd- und Sportzwecke üblichen
Flintenkaliber sind 12 (18,2 mm), 16 (16,8 mm) und 20 (15,7 mm
Laufinnendurchmesser). Sie sind also so groß, daß in dem jeweiligen Kaliber 12, 16 oder 20 Rundkugeln aus einem englischen
Pfund Blei gegossen werden können. Dadurch ist Kaliber 12 das
größte und Kaliber 20 das kleinste dieser drei Kaliber. Ursprünglich
hatten die Patronen aller drei Kaliber eine Hülsenlänge von 65 mm.
Zwecks Erhöhung der Wirkung hat man inzwischen teilweise die
Hülsen verlängert, damit sie mehr Pulver und Schrot fassen können.
Diese längeren Patronen dürfen jedoch nur aus solchen Waffen
verschossen werden, die speziell dafür vorgesehen sind und am
Lauf eine entsprechende Bezeichnung tragen, z. B. 12/70. Aus
dieser Waffe dürfen Patronen des Kalibers 12 mit 70 mm langer
Hülse verschossen werden.

Wie wird das Kaliber von Leucht- und Signalpistolen bezeichnet?

Wie bei Flinten, also nach der Zahl der aus einem englischen Pfund
Blei zu gießenden Rundkugeln. Das verbreitetste Kaliber für diese
Signalpistolen ist das Kaliber 4 (etwa 26,5 mm).

Was bedeutet bei der Kaliberangabe der Zusatz »magnum«?

Der Zusatz »magnum« zur Kaliberangabe wird leider sehr unterschiedlich verwendet:

1. Zur Kennzeichnung von Patronen üblichen Kalibers, die jedoch einen erhöhten Gebrauchsgasdruck haben, insbesondere bei Schrotpatronen. Beispiel: Schrotpatronen Kaliber 12/70 Magnum lassen sich aus allen Schrotläufen des Kalibers 12/70 verschießen, bedeuten jedoch aus Läufen, die nicht dem verstärkten Beschuß für die Magnum-Patronen unterlegen haben, eine Gefahr. Nach der 1. WaffV müssen sie deshalb mit dem Zusatz »magnum« deutlich gekennzeichnet sein und dürfen nur aus Waffen des Kalibers 12/70 verschossen werden, die dem verstärkten Beschuß unterzogen worden sind.

2. Zur Unterscheidung relativ starker von schwächeren Patronen gleicher zahlenmäßiger Kaliberangabe, wobei jedoch die stärkere Patrone nicht aus einer Waffe für die schwächere Patrone verschossen werden kann. Beispiele: Die Patrone .22 Winchester Magnum ist wesentlich stärker als die Patrone .22 l. r.; beide Patronen können jedoch nicht aus einer für die andere Patrone konstruierten Waffe verschossen werden. Die Revolverpatrone .44 Magnum ist wesentlich stärker als die Revolverpatrone .44 Special, sie kann aber nicht in einen Revolver .44 Special geladen werden, wohl aber umgekehrt.

3. Als Kennzeichnung besonders leistungsfähiger Patronen, auch wenn es in diesem Kaliber keine »Nicht-Magnum-Patronen« gibt. Beispiel: Die Büchsenpatrone .300 Weatherby Magnum. Eine Patrone .300 Weatherby ohne den Zusatz Magnum gibt es nicht.

Insbesondere in den Fällen 2. und 3. hat der Zusatz »magnum« also lediglich den Charakter eines Bestandteils des jeweiligen Munitionsnamens, ähnlich wie beispielsweise die Zusätze »Parabellum«, »Browning«, »Remington« usw., nur daß der Zusatz »magnum« gleichzeitig auf eine hohe Leistung dieser Patrone hinweisen soll. Er soll also auch eine gewisse Werbewirkung haben.

Welchen Durchmesser haben Schrotkörner?

Alle Schrotkörner einer Patrone haben den gleichen Durchmesser. Zu verschiedenen Zwecken werden jedoch Schrotpatronen mit unterschiedlichen Schrotstärken angeboten. Schrote von 2—2$^1/_2$ mm Stärke werden zum sportlichen Wurftaubenschießen und zur Jagd auf kleines Flugwild (Rebhühner, Schnepfen, Wildtauben usw.) sowie zur Kaninchenjagd verwendet. Schrote von 3—4 mm Stärke dienen für unterschiedliche jagdliche Zwecke. Noch stärkere Schrote sind in Mitteleuropa nicht üblich.

Wie viele Schrotkörner enthält eine Schrotpatrone?

Das ist sehr stark abhängig vom Kaliber, von der Hülsenlänge und von der Schrotstärke, also vom Durchmesser der einzelnen Schrotkörner. Kleinere Unterschiede lassen sich auch noch von Patronenmarke zu Patronenmarke feststellen. In den drei bei uns für jagdliche und sportliche Zwecke üblichen Schrotkalibern 12, 16 und 20 und den hierfür bei uns üblichen Schrotstärken enthält eine Patrone zwischen etwa 70 und 750 Schrotkörner. Die beim Wurftaubensport allgemein üblichen Schrotpatronen im Kaliber 12/70 mit Schrotstärken von 2—2$^1/_2$ mm enthalten etwa zwischen 390 und 750 Schrotkörner.

Wie ist eine Patrone aufgebaut?

Eine Patrone besteht aus Hülse, Zündhütchen (bzw. Zündmittel im Zündrand), Pulverladung und Geschoß. Schrotpatronen enthalten anstelle des Einzelgeschosses die Schrotladung, Leucht- bzw. Signalpatronen als Geschoß den Leuchtsatz (u. U. mit Fallschirm) sowie einen Verzögerungssatz, der bewirkt, daß der Leuchtsatz erst etwa bei Erreichung der Gipfelhöhe gezündet wird.

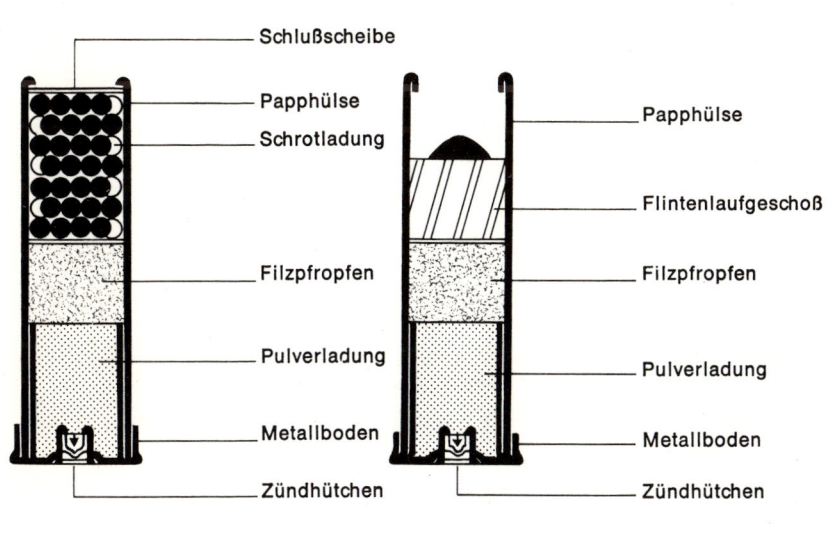

Schrotpatrone   Flintenlaufgeschoß

Welche Pulverarten gibt es?

Grundsätzlich gibt es zwei Arten von Schießpulver, und zwar das sogenannte Schwarzpulver — benannt nach Berthold Schwarz, der als Erfinder des Schießpulvers gilt — und das Nitrozellulose-Pulver, auch als rauchloses oder rauchschwaches Pulver bekannt. Das Schwarzpulver findet heute fast nur noch für Leucht- und Signalpatronen sowie für Vorderladewaffen Verwendung. Ansonsten sind alle modernen Patronen mit Nitrozellulose-Pulver geladen. Hiervon gibt es jedoch zahlreiche Varianten für unterschiedliche Verwendungszwecke, beispielsweise für Schrotpatronen, für Büchsenpatronen, für Pistolenpatronen, für Patronen mit unterschiedlichen Geschossen, für höhere oder geringere Geschoßgeschwindigkeiten usw. Falsche Verwendung von Nitrozellulose-Pulvern kann zu Waffensprengungen und damit zu schweren Unfällen führen. Ein Selbstladen von Patronen setzt deshalb die notwendigen Fachkenntnisse und ein sorgfältiges Arbeiten voraus.

Was versteht man unter Treibladung?

Dieses ist nur ein anderer Name für die Pulverladung der Patrone.

Können Zündsatz und Treibladung identisch sein?

Ja — einige schwache Patronen enthalten kein Pulver; bei ihnen wird das kleine Geschoß lediglich vom Zündsatz angetrieben.

Welche Zündarten gibt es?

1. Zentralfeuerzündung bei den sog. Zentralfeuerpatronen. Hier befindet sich in der Mitte des Patronenbodens ein Zündhütchen mit dem Zündsatz.
2. Randfeuerzündung bei den sog. Randfeuerpatronen. Hier ist der Hülsenrand mit Zündmasse gefüllt und hat die gleichen Funktionen wie das Zündhütchen bei den Zentralfeuerpatronen.

Zur Zündung der Patrone muß der Schlagbolzen der Waffe das Zündhütchen bzw. den Zündrand treffen. Der Schlagbolzen ist deshalb so angeordnet, daß er bei Waffen für Zentralfeuerpatronen die Mitte, bei Waffen für Randfeuerpatronen den Rand des Patronenbodens trifft.

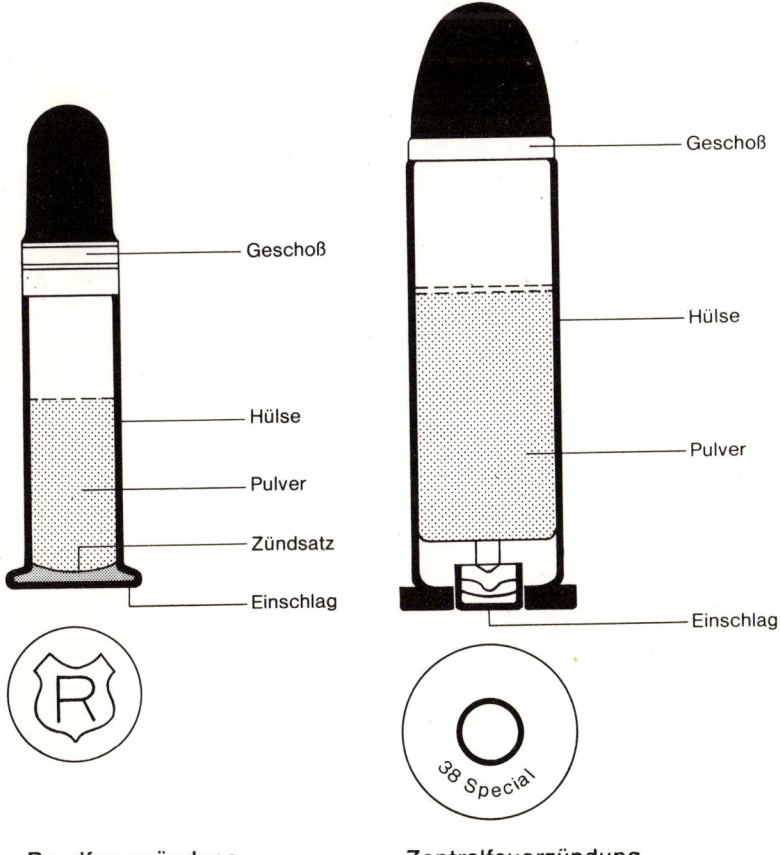

Randfeuerzündung   Zentralfeuerzündung

Was versteht man unter »Zimmerpatronen«?

1. Die 4 mm-Übungspatronen, die vor allem aus den sog. Zimmerstutzen sowie aus Einsteckläufen verschossen werden.
2. Die Patrone .22 Z, die aus Waffen des Kalibers .22 l. r., also aus den üblichen Kleinkaliberwaffen, verschossen wird, wegen ihrer extrem schwachen Ladung jedoch sehr viel weniger knallt und einen wesentlich geringeren Durchschlag hat.

Trotz der Bezeichnung »Zimmerpatrone« unterliegt das Schießen mit ihnen den diesbezüglichen gesetzlichen Bestimmungen, was unbedingt beachtet werden muß.

Was ist Plastik-Trainings-Munition?

In den Pistolenkalibern 7,65 mm Browning und 9 mm Parabellum gibt es Patronen, die statt des üblichen Geschosses eine kalibergroße Rundkugel aus Plastik verschießen. Auf kurze Entfernung (etwa 10 m) hat diese sog. Plastik-Trainings-Munition (PT-Munition) eine gute Präzision, die dann jedoch schnell nachläßt. Die Vorteile dieser Patrone sind die sehr geringe Reichweite und der ebenfalls sehr geringe Durchschlag. Der Schußknall entspricht etwa dem einer normalen Patrone. Ein Rückstoß ist praktisch nicht vorhanden, so daß Selbstladepistolen auch nicht repetieren, sondern von Hand durchgeladen werden müssen. Auch das Schießen mit PT-Munition unterliegt denselben gesetzlichen Bestimmungen wie das Schießen mit normaler Gebrauchsmunition, was unbedingt zu beachten ist!

Was sind Exerzierpatronen?

Patronenattrappen, die zwar deutlich als solche kenntlich sind, ansonsten aber äußerlich die gleiche Form und die gleichen Abmessungen haben wie eine scharfe Patrone. Sie sind dazu da, mit ihnen das Laden usw. zu lernen.

Was sind Pufferpatronen?

Da bei den meisten Waffentypen ein leeres Abschlagen des Hahns bzw. Schlagbolzens zu Schäden an der Waffe führen kann, soll man für ein sog. Trockentraining, also für Abziehübungen ohne scharfen Schuß, einen Puffer in die Waffe einführen, der — ähnlich wie eine richtige Patrone — den Schlagbolzen auffängt. Um diese Aufgabe voll zu erfüllen, muß der Puffer an seiner Rückseite sehr weitgehend die Maße und Formen der richtigen Patrone haben. Man spricht deshalb von Pufferpatronen. Für diesen Zweck sind zwar auch die Exerzierpatronen geeignet. Eine Pufferpatrone braucht aber nicht die vollständige Patronenform zu besitzen. Sehr bewährt haben sich z. B. für Revolver Plastikeinsätze, die zwar hinten die genauen Formen der Patronenhülse haben, jedoch nur etwa 1 bis 1,5 cm lang und damit nicht mit einer richtigen Patrone zu verwechseln sind. Falls man keine Exerzier- oder Pufferpatronen besitzt, kann man zum Trockentraining auch leere Patronenhülsen benutzen.

Wie lange kann Munition gelagert werden?

Bei sachgemäßer Lagerung ist die heutige Munition sehr lange haltbar. Sofern auf der Verpackung ein Verfallsdatum angegeben ist, sollte man dieses beachten. Ansonsten behalten gute Markenpatronen mindestens 10 Jahre, oftmals aber auch sehr viel länger, ihre volle Gebrauchsfähigkeit.

Was ist beim Wiederladen von Patronenhülsen besonders zu beachten?

Vor allem ist darauf zu achten, daß der Gasdruck der Patrone nicht den für die jeweilige Waffe zugelassenen Wert übersteigt, da sonst beträchtliche Unfallgefahren entstehen. Am besten richtet man sich beim Wiederladen nach den Ladetabellen, wie sie von den bekannten Pulverherstellern herausgegeben werden. Außerdem ist auf eine sorgfältige Herstellung zu achten, da auch Fehler in der Kalibrierung oder im Setzen des Geschosses zu Gasdruckerhöhungen führen können.

4. Verteidigungswaffen

Welche Schußwaffen kommen für die persönliche Verteidigung in Frage?

Mehrschüssige Faustfeuerwaffen, also Revolver und Selbstladepistolen. Viele Waffenscheininhaber neigen dazu, sich aus Gründen der Bequemlichkeit und Unauffälligkeit eine möglichst kleine und leichte Faustfeuerwaffe zuzulegen. Es ist aber zu bedenken, daß eine Verteidigungswaffe, wenn sie im Ernstfall ihren Zweck erfüllen soll, eine genügende Aufhaltekraft entwickeln muß (näheres hierüber im nächsten Kapitel). Man sollte deshalb nicht nur auf Gewicht und Größe der Waffe, sondern vor allem auf ihre Eigenschaften als Schußwaffe, d. h. auf ihre Zuverlässigkeit in Funktion und Wirkung u. ä. achten. Wer nähere Anleitungen für die richtige Wahl einer für seine Zwecke sinnvollen Faustfeuerwaffe sowie für den gesamten Umgang mit ihr haben möchte, sei auf das ebenfalls im BLV-Verlag erschienene Buch »Pistole und Revolver« verwiesen.

Wie wird eine Verteidigungswaffe getragen?

Das Tragen einer Pistole oder eines Revolvers in der Hosen-, Jacken- oder Manteltasche ist in verschiedener Hinsicht unzweckmäßig. Erst recht sollte man eine Verteidigungswaffe nicht in der Aktentasche o. ä. führen. Am Zweckmäßigsten ist das Tragen der Faustfeuerwaffe in einem guten Holster, das folgende Anforderungen erfüllen muß:

1. Sowohl das Holster am Körper als auch die Waffe im Holster müssen so sicher verwahrt sein, daß die Waffe weder verloren gehen noch leicht und unbemerkt entwendet werden kann.
2. Die Waffe soll vor Nässe und Verschmutzung geschützt sein.
3. Alle scharfkantigen Teile der Waffe müssen so verdeckt sein, daß sie nicht die Kleidung beschädigen können.
4. Die Waffe soll in dem Holster bequem und unauffällig getragen werden können.
5. Die Waffe muß gut erreichbar und schnell zu ziehen sein.

Waffenscheininhaber können einschlägige Anregungen aus dem für sie auch ansonsten wichtigen, ebenfalls im BLV-Verlag erschienenen Buch »Pistole und Revolver« entnehmen. Als Spezialliteratur über Holster sei das gleichfalls aus dem BLV-Verlag kommende Buch »Holster und Griffe für Faustfeuerwaffen« genannt.

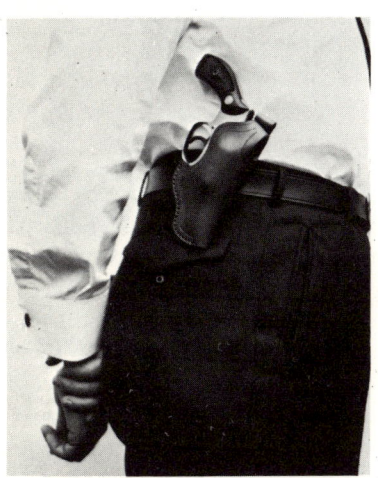

Zweckmäßige Gürtelholster für Revolver (links) und Selbstladepistole (rechts).

Unterschiedliche Schulterholster

Sind Reizstoffwaffen für die Selbstverteidigung zu empfehlen?

Gewisse Reizstoffwaffen (Tränengaswaffen) können nach dem jetzigen Waffengesetz frei erworben und geführt werden (näheres hierzu siehe in dem Abschnitt »Waffenrecht« dieses Buches). Hiervon sollte man jedoch nur dann Gebrauch machen, wenn ein Waffenschein mangels Bedürfnisses nicht erteilt worden ist. Denn einerseits wirken Reizstoffwaffen nur auf kürzeste Entfernung (gute Reizstoffwaffen bis etwa 2 m) und sind demzufolge gegenüber einem bewaffneten Gegner nutzlos, andererseits beeinträchtigen sie (bei Gegenwind oder im geschlossenen Raum) den Verteidiger u. U. mehr als den Angreifer.

5. Signalwaffen

Welchen Zwecken dienen die sog. Signal- oder Leuchtpistolen?

Ausschließlich dem Setzen von Signalen oder der Beleuchtung eines größeren Umkreises, z. B. in Seenotfällen.

Welches sind die günstigsten Signalpistolen?

Die großkalibrigen Signal- und Leuchtpistolen im Kaliber 4 (26,5 mm). Insbesondere alle seegehenden Schiffe sollten derartige Waffen an Bord haben. Nur für kleine Sportboote, die ausschließlich auf Binnengewässern oder in unmittelbarer Küstennähe fahren, können weniger leistungsfähige Signalwaffen infrage kommen.

Signalpistole Kaliber 4

Haben Signalpistolen eine Sicherung?

Die meisten Signalpistolen des Kalibers 4 besitzen keine Sicherung. Sie benötigen auch keine Sicherung, weil sie in aller Regel erst unmittelbar vor der Schußabgabe geladen werden und deshalb nicht gesichert zu werden brauchen. Andererseits könnte die (unnötige) Sicherung im Notfall (z. B. Seenotfall) die Abgabe des Notsignals gefährlich verzögern.

Welche Munition benutzt man zu Leuchtzwecken?

Am besten weiße Leuchtkugeln, eventuell mit Fallschirm, um die Leuchtwirkung zu verlängern.

Welche Munition benutzt man für Notsignale?

Rote Leuchtkugeln mit oder ohne Fallschirm.

Woran kann man die Farbe der Leuchtmunition erkennen?

Die Farbe der Leuchtkugeln läßt sich an der gleichen Farbe des vorderen Patronenverschlusses erkennen. Da die roten Leuchtkugeln in Notfällen eine oftmals lebensrettende Bedeutung haben, ist an manchen Leuchtpatronen des Kalibers 4 außerdem noch eine Markierung angebracht, mit deren Hilfe man im Dunkeln den Unterschied zwischen roten und andersfarbigen Leuchtpatronen erfühlen kann: die roten Leuchtpatronen haben einen ringsum gezahnten Patronenboden, die andersfarbigen Leuchtpatronen einen nur etwa zur Hälfte gezahnten bzw. glattrandigen Patronenboden. Dieses Merkmal ist leider nicht bei allen Leuchtpatronen-Fabrikaten vorhanden. Man sollte zweckmäßigerweise beim Kauf darauf achten, deutlich gekennzeichnete Munition zu erwerben.

Fühlmarken an Signalpatronen

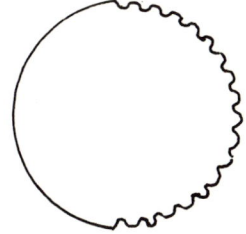

Rot:
Voll gezahnter
Patronenboden

Weiß:
Halb gezahnter
Patronenboden

Wie sind die Signalpatronen aufgebaut?

Im Prinzip genauso wie jede andere Patrone, d. h. Hülse mit Zünd-hütchen, Treibladung und Geschoß. Die Treibladung besteht bei ihnen jedoch nicht (wie bei anderen modernen Patronen) aus Nitro-zellulosepulver sondern aus Schwarzpulver, und das Geschoß be-steht bei ihnen aus mehreren Teilen unterschiedlicher Funktion. Wichtigster Teil des Geschosses ist der Leuchtsatz (Magnesium mit unterschiedlichen Zusätzen). Wichtig ist auch der darunter be-findliche Verzögerungssatz, der bewirkt, daß der Leuchtsatz nicht bereits in der Waffe sondern erst in genügendem Abstand zu brennen anfängt. Bei Fallschirmpatronen kommen außerdem der Fallschirm und eine Ausstoßladung hinzu.

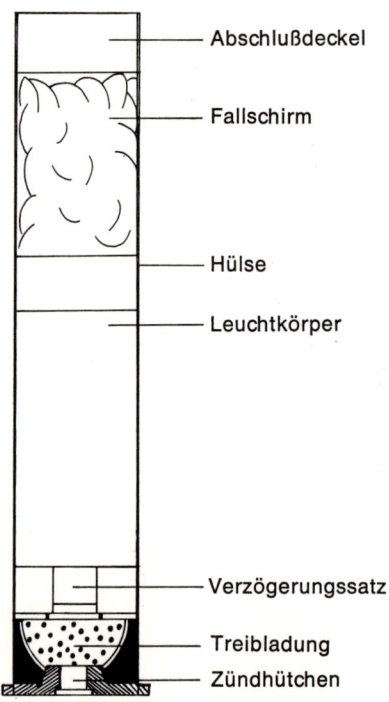

Abschlußdeckel

Fallschirm

Hülse

Leuchtkörper

Verzögerungssatz

Treibladung

Zündhütchen

Schnittbild einer Signalpatrone mit Fallschirm

Welche Steighöhe erreicht ein aus Leuchtpistolen verschossenes Signal?

Je nach Fabrikat 70 bis 140 m, bei Speziallaborierungen bis etwa 300 m.

Worauf muß die Signalmunition überprüft werden?

Um im Notfall auch wirklich einsatzfähig zu sein, muß die Signalmunition von Zeit zu Zeit überprüft werden, und zwar geschlossene Originalverpackungen auf ihre Unversehrtheit und ihr Verfallsdatum, bei angebrochenen Packungen jede einzelne Patrone auf Oxydation und Beschädigung.

Wie beseitigt man überlagerte Signalmunition?

Am besten, indem man beim Nachkauf die überlagerte Munition an den Waffenhändler zurückgibt.

6. Schießsport und Schießstandbetrieb

Ist Schießen Sport?

Selbstverständlich ist keineswegs jedes private Schießen als Sport zu bezeichnen. Das wettkampfmäßige Schießen nach den verbindlichen Regeln der nationalen und internationalen Fachverbände ist jedoch ohne Zweifel ein echter Leistungssport und wird in allen zivilisierten Ländern als solcher betrieben. In der Bundesrepublik sind offizielle Titelwettkämpfe vor allem die Vereins-, Kreis-, Bezirks-, Landesverbands- und Deutschen Meisterschaften. An Europa- und Weltmeisterschaften sowie an den Schießwettbewerben der Olympischen Spiele nehmen Mitglieder der vom Deutschen Schützenbund zusammengestellten und betreuten Nationalmannschaft teil. Außer Titeln, Medaillen und Ehrenpreisen können im Sportschießen die Leistungsabzeichen des Deutschen Schützenbundes in sechs Stufen sowie das Deutsche Schießsportabzeichen in drei Stufen errungen werden. Für Spitzenleistungen wird das Meisterschützenabzeichen des Deutschen Schützenbundes verliehen.

Was gilt als regulärer Schießsport?

Als regulärer Schießsport im engeren Sinne gelten alle Schießsportübungen, die nach den Reglements des Deutschen Schützenbundes oder der Internationalen Schützenunion absolviert werden.
Außerdem müssen diejenigen Übungen hinzugerechnet werden,
die zwar in keinem dieser Reglements stehen, die aber traditionell
und nach strengen sportlichen Maßstäben von den Unterorganisationen des Deutschen Schützenbundes auf regionaler Ebene durchgeführt und in denen auch offizielle Wettkämpfe bestritten werden,
z. B. die weit verbreitete Kleinkalibergewehr-Disziplin »Standauf-
lage«. Im weiteren Sinne müssen zum regulären Schießsport jedoch
auch diejenigen Schießsportübungen hinzugerechnet werden, die
Bestandteil anderer Sportarten sind, also z. B. das Gewehrschießen
beim Biathlon oder das Pistolenschießen beim Modernen Fünf-
kampf. Bei inoffiziellen internationalen Wettkämpfen werden außerdem gelegentlich Übungen geschossen, die lediglich im nationalen
Programm eines dieser Länder, nicht aber im Reglement der Internationalen Schützenunion stehen. Solche andersartige Schießsportübungen kennt man z. B. in den USA. Deutsche Schützen, die
gelegentlich an Wettkämpfen in den USA oder gegen USA-Schüt-
zen nach deren Reglement teilnehmen, werden deshalb auch zu
Hause diese Übungen trainieren müssen. Im übrigen sind Art und
Zahl der von den nationalen und internationalen Schießsportver-
bänden offiziell anerkannten Disziplinen ständigen Wandlungen
unterworfen. Neue Disziplinen kommen hinzu, andere werden ge-
strichen, wieder andere werden mehr oder minder stark verändert.

Wo ist das offizielle Reglement des Deutschen Schützenbundes niedergelegt?

In der Sportordnung des Deutschen Schützenbundes, einer Broschüre von gut 200 Seiten Umfang, die u. a. über den Waffenhandel bezogen werden kann. Diese Sportordnung wird von der Sportkommission des Deutschen Schützenbundes regelmäßig überarbeitet und in mehrjährigem Abstand in Neuauflagen herausgegeben. In ihr sind alle vom Deutschen Schützenbund anerkannten Schießsportdisziplinen aufgeführt und ihre Durchführung bis in alle Einzelheiten hinein geregelt.

Welche Disziplinen enthält die Sportordnung des Deutschen Schützenbundes?

Nach der Ausgabe von 1976:

1. Luftgewehr
2. Zimmerstutzen
3. Standardgewehr
4. Kleinkaliber — Freie Waffe
5. English Match (Kleinkaliber-Liegendkampf)
6. Schießen auf 100 m (Kleinkalibergewehr und Scheibenstutzen im Kaliber 8,15 x 46)
7. Luftpistole
8. Freie Pistole
9. Schnellfeuerpistole (Olympisches Schnellfeuer-Pistolenschießen)
10. Sportpistole (neuerdings getrennt nach Groß- und Kleinkaliber)
11. Trap
12. Skeet
13. Laufende Scheibe
14. Armbrust international
15. Armbrust national
16. Bogen Hallenbedingung
17. Bogen FITA-Runde
18. Bogen-Jugendbedingung
19. Bogen Feldschießen
20. Perkussions-Gewehr
21. Perkussions-Dienstgewehr
22. Steinschloßgewehr
23. Perkussions-Revolver
24. Perkussions-Pistole
25. Steinschloß-Pistole

Was sind Sportwaffen?

Als echte Sportwaffen können nur solche Waffen gelten, die einerseits nach den verbindlichen nationalen oder internationalen Schießsport-Reglements zugelassen und die andererseits im regulären Schießsport üblich sind. Bedauerlicher und irreführender Weise werden im Handel immer wieder Waffen als »Sportwaffen« angepriesen, die entweder nach den verbindlichen Schießsportreglements zum regulären Schießsport überhaupt nicht zugelassen oder die aufgrund ihrer Konstruktion hierfür wenig oder garnicht geeignet und deshalb nicht üblich sind. Zur Erläuterung zwei Beispiele:

1. Die Benutzung von Kleinkaliber-Selbstladegewehren ist auf den Schießständen des Deutschen Schützenbundes und seiner Unterorganisationen verboten. Damit sind diese Waffen zum regulären Schießsport — zumindest in der Bundesrepublik Deutschland — nicht zugelassen und können demzufolge hier auch nicht als Sportwaffen bezeichnet werden.

2. Die weit verbreiteten Gebrauchs-Selbstladepistolen im Kaliber 7,65 mm Browning sind nach der Sportordnung des Deutschen Schützenbundes für die Disziplin »Sportpistole« zwar zulässig. Da sie jedoch für Sportzwecke höchst ungeeignet sind, ist ihre Verwendung im Schießsport nicht üblich. Sie können demzufolge auch nicht als Sportwaffen bezeichnet werden.

Sportpistole

Wie viele Waffen benötigt ein Sportschütze?

Die Anforderungen der einzelnen Schießsportdisziplinen an die Waffen sind außerordentlich unterschiedlich. Die in- und ausländische Waffenindustrie hat deshalb für alle Schießsportdisziplinen Spezialwaffen entwickelt, die den Anforderungen der jeweiligen Disziplin in besonderem Maße gerecht werden. Ein Sportschütze benötigt deshalb mindestens so viele Sportwaffen, wie er Schießsportdisziplinen betreibt. Oftmals wird er sich jedoch noch mehr Waffen zulegen müssen. Beispielsweise sind für die Disziplin »Sportpistole« mindestens zwei Waffen erforderlich, und zwar eine groß- und eine kleinkalibrige, da zu gewissen Wettkämpfen lediglich Großkaliberwaffen zugelassen, zum Training und für andere Wettkämpfe dagegen Kleinkaliberwaffen in vieler Hinsicht zweckmäßiger sind. Dem aktiven Sportschützen muß jedoch ein noch über den absolut notwendigen Bedarf hinausgehender Spielraum zugebilligt werden, da bei den von der Industrie ständig herausgebrachten neuen Modellen ein gewisses Experimentieren für eine optimale Ausrüstung und Leistung unerläßlich ist. Schießsportfunktionäre, die sich als Sportwarte, Schießmeister o. ä. mit der einschlägigen Beratung der Vereins- oder Verbandsmitglieder hinsichtlich der Anschaffung einer zweckmäßigen Sportwaffe zu befassen haben, sollten zu den notwendigen Vergleichs- und Beratungszwecken über eine noch größere Anzahl von Sportwaffen verfügen.

Wann benötigt ein Sportschütze eigene Waffen?

Die erste Anfängerausbildung im sportlichen Schießen erfolgt zweckmäßigerweise mit einer auf dem Schießstand ausgeliehenen Waffe eines Sportkameraden oder mit einer Leihwaffe des Vereins unter Anleitung und Aufsicht durch einen erfahrenen Sportschützen. Erst nach Überwindung des ersten Anfängerstadiums und nach Erreichung gewisser Mindestleistungen — etwa mit Erfüllung der Bedingungen für das bronzene Leistungsabzeichen des Deutschen Schützenbundes — ist der angehende Sportschütze in der Lage, einigermaßen sicher zu entscheiden, welche der vielen infrage kommenden Sportwaffen für ihn die günstigste ist. Schon im eigenen Interesse, nämlich um einen Fehlkauf zu vermeiden, sollte sich der Anfänger also erst gewisse Kenntnisse und Erfahrungen aneignen. Der Gesetzgeber hat hierfür einen Erfahrungssatz von einer sechsmonatigen aktiven Schießsporttätigkeit angenommen. Wer dann später nur gelegentlich anläßlich besonderer Vereinsveranstaltungen einmal schießen will, mag sich vielleicht weiterhin mit einer von Fall zu Fall auf dem Schießstand entliehenen Waffe begnügen. Wer dagegen das Schießen als einen ernsthaften Leistungssport betreiben will, muß sich nach Ablauf der ersten Anfängerzeit eine eigene, gegebenenfalls mehrere eigene Waffen zulegen. Dies ist deshalb dringend erforderlich, weil nur eine eigene Waffe in einem für den Leistungssport erforderlichen Maße in Schäftung, Visierung, Abzug usw. den individuellen Eigenschaften und Schießgewohnheiten des Schützen angepaßt werden kann. Zur Erreichung von Leistungen, die dem heutigen Leistungsniveau des Schießsportes entsprechen, ist ein intensives Training mit der eigenen Waffe notwendig. Dieses intensive Training hat nicht nur in Form der eigentlichen Schießübungen zu erfolgen, sondern zusätzlich durch ein möglichst tägliches sogenanntes Trockentraining zu Hause. Auch zu diesem Zweck sind eigene Waffen zwingend erforderlich.

Wieviel Munition benötigt ein aktiver Sportschütze?

Das ist individuell außerordentlich unterschiedlich und hängt insbesondere auch davon ab, welche Disziplinen dieser Schütze betreibt. Ganz grob kann man davon ausgehen, daß ein Schütze, der aktiv den Schießleistungssport betreibt, einen Jahresverbrauch zwischen 5 000 und 15 000 Schuß Munition hat, doch gibt es einzelne Schützen, die einen noch höheren Verbrauch haben.

Dürfen Mehr- und Selbstladegewehre auf Schießständen benutzt werden?

Welche Waffen auf einem Schießstand benutzt werden dürfen, ist einerseits von der behördlichen Genehmigung in der Standzulassung, andererseits von der jeweils gültigen Standordnung des Eigentümers abhängig. Auf Sportschießständen dürfen Selbstladebüchsen meist überhaupt nicht, Repetierbüchsen meist nur als Einzellader benutzt werden.

Welche Patronen- und Geschoßarten dürfen auf Schießständen benutzt werden?

Hierfür gibt es keine allgemeingültigen Vorschriften. In der behördlichen Zulassung eines Schießstandes muß stets angegeben werden, für welche Munition dieser Stand zugelassen ist. Stärkere Munition darf nicht benutzt werden. Andererseits hat der Eigentümer das Recht, noch weitere Einschränkungen anzuordnen, etwa um einen unnötig hohen Verschleiß an der Scheibenmechanik usw. zu verhindern. Jeder Schütze muß sich vor Beginn des Schießens überzeugen, mit welcher Munition auf diesem Stand geschossen werden darf, und er hat sich unbedingt danach zu richten.

**Welche besonderen Sicherheitsvorkehrungen
sind auf Schießständen zu beachten?**

Auf behördlich zugelassenen Schießständen sind im allgemeinen besondere Standordnungen gültig, die vom Schießstandeigentümer und/oder einem Dachverband (z. B. Deutscher Jagdschutzverband, Deutscher Schützenbund) erlassen worden sind. Diese Standordnungen sind für alle Benutzer des jeweiligen Schießstandes verbindlich und streng zu befolgen. Die wichtigsten Sicherheitsbestimmungen sind folgende:

1. Allen Anordnungen der Standaufsicht ist unbedingt Folge zu leisten.
2. Gewehrriemen sind abzunehmen.
3. Alle Schußwaffen dürfen nur im Schützenstand und mit in Richtung Scheiben gehaltener Mündung geladen werden, dies auch erst dann, wenn sich keine Personen mehr vor dem Schützenstand befinden und die Standaufsicht die Erlaubnis zum Laden gegeben hat. Bei Beendigung oder Unterbrechung des Schießens, auch bei auftretenden Waffenstörungen, ist die Waffe mit nach vorn gerichteter Mündung zu entladen.
4. Auch ungeladene Waffen dürfen nur im Schützenstand und mit nach vorn gerichteter Mündung in Anschlag gebracht werden. Alles sonstige Hantieren mit Waffen ist zu unterlassen.
5. Geladene Waffen dürfen nicht aus der Hand gelegt werden.
6. Außerhalb des Schützenstandes dürfen Kipplaufwaffen nur mit abgekippten Läufen, andere Waffen nur mit geöffnetem Verschluß und mit nach oben gerichteter Mündung getragen werden. Gewehre sind mit offenem Verschluß in den hierfür vorgesehenen Gewehrständern abzustellen, Faustfeuerwaffen entweder mit geöffnetem Verschluß abzulegen oder besser in ein hierfür vorgesehenes Behältnis zu verpacken.
7. Fremde Waffen dürfen ohne die ausdrückliche Genehmigung ihres Besitzers nur von der Standaufsicht beziehungsweise Schießleitung berührt werden.

7. Waffenpflege und Waffenstörungen

Wann und warum müssen Waffen gereinigt werden?

Feuerwaffen müssen mindestens nach jedem Schießen — auch wenn nur ein einziger Schuß abgegeben worden ist — gereinigt werden, da die Verbrennungsrückstände von Zündsatz und Pulver u. U. die Innenteile der Waffe angreifen. Dadurch kann die Waffe beträchtlich beschädigt, im Extremfall sogar betriebsunsicher werden. Weiter sollte die Waffe gereinigt werden, wenn sie naß geworden oder stark verschmutzt ist. Auch bei längerem Nichtgebrauch sollte die Waffe von Zeit zu Zeit gereinigt werden, etwa jedes Vierteljahr.

Welche Waffenteile müssen gereinigt werden?

In erster Linie Lauf und Patronenlager. Darüber hinaus alle Innenteile, auf denen sich der sogenannte Schmauch niedergeschlagen hat. Nach der Reinigung werden alle Innenteile mit einem Waffenöl leicht eingeölt und die Waffe wird äußerlich mit einem nur etwas öligen Lappen abgewischt. Im einzelnen ist das Reinigen der Waffe einschließlich des dafür notwendigen Zerlegens meist in der mitgelieferten Betriebsanleitung beschrieben. Anderenfalls lasse man es sich von seinem Waffenhändler erklären und vorführen.

Was ist bei der Aufbewahrung von Waffen und Munition zu beachten?

Außer den in einem späteren Abschnitt dieses Buches behandelten gesetzlichen Vorschriften ist zu beachten, daß die Waffen und Munition kühl und trocken gelagert werden. Weiter sollen die Waffen entladen, innen und außen mit einem guten, nicht verharzenden Waffenöl leicht eingeölt und zwecks Schonung der Schlagfeder entspannt sein. Von einer Aufbewahrung der Waffen in einem ledernen Futteral muß abgeraten werden, da die im Leder enthaltene restliche Gerbsäure die Brünierung angreifen kann.

Was versteht man unter »Doppeln«?

Das unbeabsichtigte Losgehen eines zweiten Schusses bei mehrläufigen oder Selbstladewaffen. Hierbei handelt es sich um einen Waffenfehler, der umgehend durch einen Fachmann behoben werden sollte.

Was ist bei Versagern zu tun?

Versager haben sehr oft darin ihre Ursache, daß das Zündhütchen bzw. der Zündrand nicht genügend angeschlagen worden ist. Oftmals zündet eine Versagerpatrone beim zweiten oder dritten Anschlag des Hahns bzw. Schlagbolzens. Man kann deshalb — sofern den Umständen und der Waffenkonstruktion nach möglich — nach einem Versager die Waffe erneut spannen und abziehen. Führt dies nicht zum Erfolg, soll man — falls in der gegebenen Situation möglich — bei Signal- und Leuchtpatronen sowie bei anderen Schwarzpulverpatronen etwa 1 Minute, bei anderen Patronen mindestens 10 Sekunden abwarten, da es gelegentlich — wenn auch sehr selten — vorkommt, daß eine Patrone verspätet zündet (sog. Nachbrenner). Nach dieser Frist kann bedenkenlos entladen oder auch durchgeladen und weitergeschossen werden. Läßt die Situation ein so langes Warten nicht zu, kann man zum Beispiel bei Signalpistolen die Versagerpatrone — ohne sie anzufassen — aus der Waffe herausgleiten und herunterfallen lassen, auf See zweckmäßigerweise direkt ins Wasser. Selbstladepistolen kann man im Notfall sofort per Hand durchladen, bei Revolvern die in der nächsten Kammer befindliche Patrone zünden. Treten häufiger Versager auf, sollte man durch einen Fachmann prüfen lassen, ob vielleicht ein Fehler an der Waffe vorliegt oder worin sonst die Ursachen zu suchen und wie sie zu beseitigen sind.

Was versteht man unter einem »schlappen« Schuß?

Gelegentlich kommt es — meist bei überlagerter Munition — vor, daß Schußknall und Rückstoß deutlich geringer sind als sonst üblich. Ein solcher »schlapper« Schuß kann verschiedene Gründe haben. In jedem Fall ist jedoch die Leistung der Patrone wesentlich vermindert. Im allgemeinen ergibt sich dadurch ein mehr oder minder großer Tiefschuß. Ausnahmsweise fällt das Geschoß wenige Meter vor dem Schützen zu Boden oder bleibt gar im Lauf stecken. Deshalb sollte man nach einem schlappen Schuß durch den Lauf hindurchsehen, um nicht mit einem zweiten Schuß auf das steckengebliebene Geschoß zu schießen und damit eventuell eine Waffensprengung auszulösen.

Wer soll Waffenreparaturen durchführen?

Außer bei Vorliegen ganz besonderer Fachkenntnisse soll man alle über die normale Reinigung und Wartung hinausgehenden Arbeiten an der Waffe, insbesondere auch Reparaturen, nur von einem geprüften Büchsenmacher durchführen lassen. Will man bei Vorliegen entsprechender Kenntnisse selber Arbeiten an der Waffe vornehmen, müssen die diesbezüglichen gesetzlichen Vorschriften beachtet werden (s. hierzu im Abschnitt »Waffenrecht«).

Reichweite und Wirkungsweise der Geschosse

1. Gefahrenbereiche

Was versteht man unter Gefahrenbereich?

Unter Gefahrenbereich versteht man den Bereich vom Schützen bis zur höchstmöglichen Schußweite des Einzelgeschosses bzw. der Schrote. Diese Gesamtschußweite hängt von einer Reihe von Faktoren ab, insbesondere von der Art und Ladung der Patrone, dem Gewicht und der Form des Geschosses, der Lauflänge der Waffe. Die tatsächliche Schußweite hängt darüber hinaus im wesentlichen vom Abgangswinkel des Geschosses ab. Die größten Schußweiten werden erreicht bei einem Abgangswinkel von etwa 25^0–35^0. Die allermeisten Geschosse durchmessen tatsächlich nur einen Bruchteil der Maximalschußweite. Zur Vermeidung von Unfällen muß jedoch der Gefahrenbereich stets nach der Maximalschußweite festgelegt werden.

Wie groß ist der Gefahrenbereich bei Kleinkalibergeschossen?

Der Gefahrenbereich der Kleinkaliberpatronen beträgt für die Patronen .22 kurz und .22 lang (.22 Z) bis maximal 1 km, für die weit verbreitete Scheibenpatrone .22 l. r. (long rifle, auch l. f. B. = lang für Büchsen) etwa 1300 m, für die gleiche Patrone in Hochgeschwindigkeitslaborierung etwa 1500 m und schließlich für die noch stärkere Randfeuerpatrone .22 Winchester Magnum etwa 1800 m.

Wie groß ist der Gefahrenbereich bei Büchsengeschossen?

Je nach Patronenlaborierung und Lauflänge 2—5 km. Der Höchstwert wird nur von wenigen modernen Hochgeschwindigkeitspatronen erreicht. Die meisten Büchsenpatronen haben einen Gefahrenbereich von 3—4 km. Nur extrem schwache bzw. veraltete Büchsenpatronen liegen noch darunter.

Wie groß ist der Gefahrenbereich bei Pistolen- und Revolvergeschossen?

Bei den schwächsten Pistolen- und Revolverpatronen (z. B. 6,35 mm Browning) beträgt der Gefahrenbereich bis zu etwa 800 m, bei den für Verteidigungswaffen meist üblichen Kalibern (z. B. Pistolenpatronen 7,65 mm und 9 mm Browning sowie bei den mittelstarken Revolverpatronen) bis zu etwa 1500 m, bei den starken Pistolen- und Revolverpatronen bis zu etwa 2000 m.

Wie groß ist der Gefahrenbereich bei Luftgewehrgeschossen?

Je nach Stärke der Waffe außerordentlich unterschiedlich, maximal jedoch etwa 250 m.

Wie groß ist der Gefahrenbereich bei den 4-mm-Übungspatronen?

Der Gefahrenbereich dieser »Zimmerpatronen« beträgt bis zu 300 m.

Wie groß ist der Gefahrenbereich bei Flobertpatronen?

Bei Flobert-Schrotpatronen in den Kalibern 6 mm und 9 mm bis 150 m, bei Flobert-Rundkugeln im Kaliber 6 mm etwa 300 m, im Kaliber 9 mm etwa 700 m.

Wie groß ist der Gefahrenbereich beim Schrotschuß?

Für die üblichen Sport- und Jagdschrotpatronen gilt die Faustregel, daß die Maximalschußweite der Schrote und damit der Gefahrenbereich so viele hundert Meter beträgt, wie der Durchmesser der einzelnen Schrote in Millimeter ist. Beispielsweise beträgt demnach der Gefahrenbereich für eine Schrotpatrone mit $2^1/_2$-mm-Schrot 250 m. Zum sportlichen Wurftaubenschießen werden im allgemeinen keine stärkeren Schrote als $2^1/_2$ mm verwendet. Zur Jagd werden bei uns im allgemeinen Schrote bis 4 mm Durchmesser benutzt, bei denen der Gefahrenbereich maximal 400 m beträgt.

Wie groß ist der Gefahrenbereich bei Flintenlaufgeschossen?

Bis 1400 m.

Wann muß mit einer Geschoßablenkung gerechnet werden?

Einzelgeschosse und Schrote können bei schrägem Auftreffen auf Hindernisse, z. B. Steine, Wände, Stahlkonstruktionen, gefrorenen Boden usw., aber auch beim sehr schrägen Auftreffen auf Wasserflächen, aus ihrer ursprünglichen Flugrichtung abgelenkt werden und u. U. ein Ziel treffen, das vom Standpunkt des Schützen überhaupt nicht zu sehen war. Auf diese Weise sind schon viele Unfälle passiert. Schießstände müssen deshalb so beschaffen sein, daß die Geschosse entweder nicht abprallen können oder auch durch abgeprallte Geschosse keine Menschen gefährdet werden können. Bei einem zulässigen Schießen außerhalb von Schießständen (z. B. aufgrund einer Schießerlaubnis) hat der Schütze das Gelände daraufhin zu prüfen, ob mit einem Ablenken der Geschosse bzw. der Schrote zu rechnen ist, falls ja, ob durch abgelenkte Geschosse Menschen gefährdet werden können.

2. Geschoßwirkungen

Wie wirkt ein Einzelgeschoß?

Hinsichtlich der Wirkung von Einzelgeschossen muß man unterscheiden
1. die Auftreffenergie,
2. die Durchschlagskraft bzw. die Eindringtiefe,
3. die Aufhaltekraft,
4. die verletzende bzw. tötende Wirkung.

Was ist Auftreffenergie?

Die Auftreffenergie eines Geschosses ist ein rein physikalisch-technischer Wert, der sich aus Geschoßgewicht und Geschoßgeschwindigkeit errechnet. Im Gegensatz zu einer weit verbreiteten Meinung stellt die Geschoßenergie keinen direkten Leistungsmaßstab für die Geschoßwirkung dar. Für die eigentliche Geschoßwirkung kommt es darauf an, in welche Leistung (Durchschlagskraft, Aufhaltekraft, tötende Wirkung) die Geschoßenergie umgesetzt wird. Für die endgültige Wirkungsbeurteilung eines Geschosses kann die Energie lediglich ein wichtiger Hilfswert sein.

Wovon ist die Durchschlagskraft bzw. die Eindringtiefe abhängig?

Das Vermögen, feste Körper zu durchschlagen oder möglichst tief in sie einzudringen, ist — bei jeweils gleicher Auftreffenergie — um so größer, je spitzer und schlanker ein Geschoß und je härter das Geschoßmaterial bzw. der Geschoßkopf oder Geschoßmantel. Da letztlich die Durchschlagskraft von Patrone und Waffe abhängt, sollte sich jeder Waffenbesitzer zur Vermeidung von Unfällen vergewissern, welche Durchschlagskraft seine Waffe mit der dazugehörigen Munition besitzt. Beispielsweise durchschlagen sowohl Kleinkalibergewehre als auch die zu Verteidigungszwecken üblichen Faustfeuerwaffen normale Haus- und Zimmertüren, u. U. sogar dünne Zimmerwände, Hüttenwände oder die Wände leichter Fertighäuser. Auch das Karosserieblech von Kraftfahrzeugen wird von den meisten dieser Geschosse durchschlagen.

Was versteht man unter Aufhaltekraft?

Im Bereich des Waffen- und Schießwesens gibt es nur wenige Begriffe, über die bei Laien und sogar bei vielen Waffenträgern derartig verworrene Vorstellungen herrschen wie über den Begriff der Aufhaltekraft (stopping power). In der Vorstellung vieler Menschen verbindet er sich mit besonders grausamen und besonders lebensgefährlichen Verletzungen. Das ist jedoch völlig falsch. Grundsätzlich beinhaltet der Begriff der Aufhaltekraft nur die Fähigkeit eines Geschosses, einen Gegner möglichst schnell und zuverlässig aktionsunfähig zu machen, d. h. möglichst mit nur einem einzigen und dazu noch schlechten Treffer. Dadurch stehen Tötungs- bzw. Verletzungswirkung einerseits und Aufhaltekraft andererseits in hohem Maße in umgekehrtem Verhältnis zueinander. Denn wenn es gelingt, einen Gegner mit einem einzigen Treffer auf eine relativ ungefährliche Körperstelle aktionsunfähig zu machen, so ist das für den Getroffenen weit weniger gefährlich, als wenn zur Erreichung der gleichen Aktionsunfähigkeit mehrere Treffer in lebenswichtige Organe oder gar Kopfschüsse notwendig sind. Ein Geschoß mit hoher Aufhaltekraft bietet deshalb nicht nur dem in Notwehr befindlichen Verteidiger eine größere Sicherheit, sondern ist auch dem beschossenen Angreifer gegenüber humaner und weniger gefährlich.

Wovon ist die Aufhaltekraft abhängig?

Zur mathematischen Berechnung der Aufhaltekraft sind mehrere etwas voneinander abweichende Formeln entwickelt worden. Generell läßt sich sagen, daß bei ausreichender Energie die Aufhaltekraft um so höher, je größer das Kaliber, je höher das Geschoßgewicht und je aerodynamisch ungünstiger die Geschoßform ist. Wie ersichtlich, sind die Erfordernisse einer hohen Aufhaltekraft denen einer hohen Durchschlagskraft geradezu entgegengesetzt. Tatsächlich haben bei etwa gleicher Geschoßenergie die Geschosse mit hoher Durchschlagskraft eine relativ geringe Aufhaltekraft und umgekehrt. Während kleinkalibrige Geschosse bereits einen hohen Durchschlag aufweisen können, hat sich in der Praxis gezeigt, daß die Untergrenze einer sinnvollen Verteidigungswaffe — bei der es ja nur auf die Aufhaltekraft ankommt — bei einem Mindestkaliber von etwa 9 mm liegt, daß aber auch in diesem Kaliber noch große Unterschiede in der Aufhaltekraft je nach Geschoßgewicht, Geschoßform und Geschoßgeschwindigkeit bestehen. Wer sich als Waffenscheininhaber für die Auswahl einer sinnvollen Verteidigungswaffe und Verteidigungsmunition interessiert, sei auf das ebenfalls im BLV-Verlag erschienene Buch »Pistole und Revolver« verwiesen.

Welche Geschosse haben einen besonders hohen Tötungseffekt?

Wenn auch fast jedes Geschoß tödliche Verletzungen verursachen kann, so muß man doch noch solche Geschosse unterscheiden, die eine besonders hohe verletzende bzw. tötende Wirkung entfalten. Derartige Geschosse hat man insbesondere für Jagdbüchsenpatronen entwickelt, denn auf der Jagd geht es ja nicht darum, ein Tier aktionsunfähig zu machen, sondern möglichst schnell und damit schmerzlos zu töten. Für diese spezielle Zielsetzung hat man Patronen und Geschosse geschaffen, die — abgestuft nach Wildarten und damit nach der Größe des jeweiligen Tieres — in die Tiefe des Wildkörpers eindringen, dort schwere innere Zerstörungen anrichten und dadurch den möglichst schlagartigen Tod des Wildes verursachen. Wer sich für diese Fragen näher interessiert, sei auf das vorzüglich Buch von Lampel »Jagdballistik« verwiesen. Auch beim Menschen verursachen die Jagdbüchsengeschosse besonders große Zerstörungen der getroffenen Organe und unterscheiden sich damit ganz wesentlich von den für Pistolen und Revolver vorgesehenen Verteidigungspatronen hoher Aufhaltekraft. Weiter entfalten eine besonders hohe verletzende bzw. tötende Wirkung die sog. Dum-Dum-Geschosse.

Was sind Dum-Dum-Geschosse?

Die Bezeichnung »Dum-Dum-Geschoß« stammt von den Engländern, die derartige Geschosse zuerst hergestellt und in ihren Kolonialkriegen eingesetzt haben. Es handelt sich hier um militärsche Vollmantelgeschosse, bei denen an der Spitze der Bleikern freigelegt worden ist. Beim Eindringen in den Körper deformieren diese Geschosse unter Abgabe zahlreicher Mantelsplitter und verursachen dadurch schwerste Verletzungen. Der Einsatz solcher Geschosse zu Kriegszwecken ist völkerrechtswidrig, konnte jedoch in beiden Weltkriegen wiederholt beobachtet werden.

Wie wirkt eine Schrotgarbe?

An der Laufmündung besitzt eine Schrotgarbe noch Kalibergröße. Unmittelbar danach beginnt sie jedoch, sich auszubreiten. Beschießt man auf 1 oder 2 m Entfernung eine Scheibe, so sieht das Schußloch aus wie der Einschuß eines sehr großkalibrigen Einzelgeschosses. Auch die Wirkung eines Schrotnahschusses auf einen lebenden Körper ist ähnlich der eines sehr großkalibrigen Einzelgeschosses. Lediglich der Durchschlag gegenüber festen Materialien ist relativ gering. So durchschlägt eine Schrotladung selbst auf kurze Entfernung eine normale Autotür nicht mehr. Je weiter die Schußentfernung wird, desto mehr dehnt sich die Schrotgarbe nach den Seiten und in der Länge aus. Normale Jagdschrotpatronen ergeben beispielsweise auf 20 m Schußentfernung − je nach Schrotstärke und Mündungsverengung des Laufes − einen Streukreisdurchmesser von $1/2$−$1^1/_2$ m, auf 50 m Schußentfernung einen Streukreisdurchmesser bis zu etwa 5 m. Der Durchschlag der einzelnen Schrotkörner nimmt mit steigender Schußentfernung rapide ab, ist jedoch im einzelnen von der Schrotstärke abhängig. Wenn sich die Schrotgarbe seitlich auseinanderzieht, wirkt sie auf einen lebenden Körper durch den sogenannten Schrotschußeffekt. Dies ist eine − insbesondere bei kleineren Tieren − schlagartig tödliche Schockwirkung, die durch eine gleichzeitige Verletzung zahlreicher Empfindungsnerven auf verschiedenen Stellen der Körperoberfläche ausgelöst wird. Bei großen Tieren und Menschen tritt dieser tödliche Schrotschußeffekt im allgemeinen nicht auf, doch können hier durch einen Schrotschuß oftmals sehr schwere Verletzungen verursacht werden, die nachfolgend ebenfalls tödlich wirken können.

Welche Geschosse sind ungefährlich?

Es gibt grundsätzlich keine ungefährlichen Geschosse! Nach Untersuchungen der Physikalisch-Technischen Bundesanstalt in Braunschweig kann unter extrem ungünstigen Verhältnissen bereits ein Geschoß mit einer Energie von 1 kpm (1 mkg = etwa 10 Joul) eine tödliche Verletzung verursachen. Demzufolge hat der Gesetzgeber die Grenze für die »freien Waffen« bei einer Mündungsenergie von 7,5 Joul gezogen. Bei sehr unglücklichen Treffern, z. B. ins Auge, kann jedoch auch ein noch schwächeres Geschoß ernsthafte Verletzungen verursachen. Deswegen ist auch mit den schwächsten Waffen bzw. den schwächsten Geschossen die größte Vorsicht zu üben!

Sind Leuchtpatronen ungefährlich?

Nein — keineswegs! Durch die Leuchtkugeln der Leuchtsignalpatronen können sogar weit gefährlichere Verletzungen verursacht werden als durch die meisten anderen Geschosse. Durch ihre sehr große Hitze können die Leuchtkugeln außerdem leicht ein Feuer verursachen, wenn sie brennbare Gegenstände treffen. Eine große Gefahr besteht auch darin, daß die Leuchtkugeln sehr leicht durch Anprall gegen Hindernisse aus ihrer Flugbahn abgelenkt werden. Bei mehrfachem Anprall an Hindernisse können Leuchtkugeln u. U. sogar zurückkommen und den Schützen treffen. Aus all diesen Gründen dürfen Leuchtkugeln und Signalraketen nur nach oben in den freien Luftraum geschossen werden!

Sind auch Platzpatronen gefährlich?

Ja — auf kurze Entfernungen können auch die sog. Platzpatronen schwere, u. U. sogar tödliche Verletzungen verursachen! Bei denjenigen Platzpatronen, die überhaupt kein Geschoß enthalten, besteht eine Verletzungsgefahr, soweit das Mündungsfeuer reicht — meist bis etwa 30 cm. Bei denjenigen Platzpatronen, die — wie insbesondere die Militärplatzpatronen — nach vorn einen festen, geschoßförmigen Abschluß enthalten, z. B. aus Holz, können u. U. noch auf 1 m Entfernung tödliche Verletzungen verursacht werden.

Waffenrecht

1. Waffen- und Munitionsbegriffe

Was ist eine Schußwaffe im Sinne des Waffengesetzes?

Schußwaffen im Sinne dieses Gesetzes sind Geräte, die zum Angriff, zur Verteidigung, zum Sport, Spiel oder zur Jagd bestimmt sind und bei denen Geschosse durch einen Lauf getrieben werden (§ 1 Abs. 1).

Welche Gegenstände stehen den Schußwaffen gleich?

1. Tragbare Geräte, die zum Abschießen von Munition bestimmt sind (§ 1 Abs. 2).
2. Wesentliche Teile von Schußwaffen und Schalldämpfer. Dies gilt auch dann, wenn sie mit anderen Gegenständen verbunden sind und die Gebrauchsfähigkeit als Waffenteil nicht beeinträchtigt ist oder mit allgemein gebräuchlichen Werkzeugen wiederhergestellt werden kann (§ 3 Abs. 1).

Was sind wesentliche Teile von Schußwaffen?

1. Lauf und Verschluß sowie Patronen- oder Kartuschenlager, sofern diese nicht bereits Bestandteil des Laufes sind,
2. bei Schußwaffen, bei denen zum Antrieb ein entzündbares flüssiges oder gasförmiges Gemisch verwendet wird, auch die Verbrennnungskammer und die Einrichtung zur Erzeugung des Gemisches,
3. bei Schußwaffen mit anderem Antrieb auch die Antriebsvorrichtung, sofern sie fest mit der Schußwaffe verbunden ist (§ 3 Abs. 2).

Als wesentliche Teile gelten auch vorgearbeitete wesentliche Teile, wenn sie mit allgemein gebräuchlichen Werkzeugen fertiggestellt werden können (§ 3 Abs. 3).

Was sind Schalldämpfer?

Vorrichtungen, die der Dämpfung des Mündungsknalls dienen und für Schußwaffen bestimmt sind (§ 3 Abs. 4).

Wann gilt eine Schußwaffe nicht mehr als solche?

Die Schußwaffeneigenschaft geht erst verloren, wenn alle wesentlichen Teile so verändert sind (künstlich oder z. B. auch durch verrosten), daß sie mit allgemein gebräuchlichen Werkzeugen nicht wieder gebrauchsfähig gemacht werden können (§ 1 Abs. 3).

Was sind Handfeuerwaffen?

Handfeuerwaffen im Sinne dieses Gesetzes sind
1. Schußwaffen, bei denen zum Antrieb der Geschosse heiße Gase verwendet werden,
2. tragbare Geräte, die zum Abschießen von Munition bestimmt sind (§ 1 Abs. 4).

Im waffentechnischen Sprachgebrauch bezeichnet man als Handfeuerwaffen — im Gegensatz zu Geschützen — diejenigen Feuerwaffen, die von einem Mann getragen und unter bloßer Benutzung der Hände abgefeuert werden können.

Wie untergliedern sich die Handfeuerwaffen?

Das Waffengesetz unterscheidet Waffen von mehr als 60 cm Gesamtlänge und von weniger als 60 cm Gesamtlänge. Außerdem werden Selbstladewaffen noch besonders ausgehalten. Die im waffentechnischen Sprachgebrauch allgemein übliche Unterteilung der Handfeuerwaffen in die längeren, in die Schulter einzusetzenden und unter Benutzung beider Hände abzufeuernden Gewehre und die kürzeren, lediglich aus einer Hand abzufeuernden Faustfeuerwaffen (Pistolen und Revolver) macht das neue Waffengesetz im Gegensatz zu einigen seiner Vorläufer nicht. Das berührt jedoch nicht die praktische Bedeutung dieser Begriffe. Auf weitere waffentechnische Unterscheidungen wird in dem diesbezüglichen Abschnitt eingegangen.

Was sind Selbstladewaffen im Sinne des Waffengesetzes?

Selbstladewaffen im Sinne des Waffengesetzes sind Schußwaffen, bei denen nach dem ersten Schuß lediglich durch Betätigen des Abzuges weitere Schüsse aus demselben Lauf abgegeben werden können (§ 1 Abs. 5). Im Gegensatz zum waffentechnischen Sprachgebrauch, der lediglich Rückstoß- und Gasdrucklader zu den Selbstladewaffen zählt, umfaßt der Begriff der Selbstladewaffen im Sinne des Waffengesetzes z. B. auch die double action-Revolver.

Was sind Schußapparate?

Schußapparate im Sinne des Waffengesetzes sind tragbare Geräte, die für gewerbliche oder technische Zwecke bestimmt sind und bei denen zum Antrieb Munition verwendet wird (§ 1 Abs. 6). Bekannte Beispiele sind die von Hausschlachtern und in kleineren Schlachtereien benutzten Viehtötungsgeräte und die Bolzenschußgeräte, die in der Bauwirtschaft benutzt werden.

Was sind Hieb- und Stoßwaffen?

Hieb- und Stoßwaffen im Sinne des Waffengesetzes sind Waffen, die ihrer Natur nach dazu bestimmt sind, unter unmittelbarer Ausnutzung der Muskelkraft durch Hieb, Stoß oder Stich Verletzungen beizubringen (§ 1 Abs. 7). Bei dieser Definition kommt es wesentlich auf die ursprüngliche Zweckbestimmung an. Ein Buschmesser beispielsweise (Machete, Koup-Koup u. ä.), die durchaus gefährliche Waffen sein können, fallen nicht unter das Waffengesetz, weil sie nicht »ihrer Natur nach dazu bestimmt sind« als Waffen, sondern z. B. zum Freischlagen des Weges im Urwald und zu ähnlichen Zwecken zu dienen.

Welche Gegenstände stehen Hieb- und Stoßwaffen gleich?

Geräte, die ihrer Natur nach dazu bestimmt sind, unter Ausnutzung einer anderen als mechanischen Energie durch körperliche Berührung Verletzungen beizubringen (§ 1 Abs. 7). Hinsichtlich der ursprünglichen Zweckbestimmung gilt das gleiche wie bei den eigentlichen Hieb- und Stoßwaffen.

Welche Munitionsarten unterscheidet das Waffengesetz?

Patronenmunition, Kartuschenmunition und pyrotechnische Munition, die zum Verschießen aus Schußwaffen bestimmt ist (§ 2 Abs. 1).

Was ist Patronenmunition?

Hülsen mit Ladungen, die das Geschoß enthalten (§ 2 Abs. 1 Nr. 1).

Was ist Kartuschenmunition?

Hülsen mit Ladungen, die ein Geschoß nicht enthalten (§ 2 Abs. 1 Nr. 2).

Was ist pyrotechnische Munition?

Patronenmunition, bei der das Geschoß einen pyrotechnischen Satz enthält (§ 2 Abs. 1 Nr. 3). Dieser pyrotechnischen Munition stehen Raketen gleich, die nach dem Abschuß durch die von ihnen mitgeführte Ladung angetrieben werden und Geschosse, die einen pyrotechnischen Satz enthalten.

Wozu gehören Platzpatronen?

Sofern es reine Knallpatronen sind, enthalten sie kein Geschoß und gehören damit zur Kartuschenmunition. Sofern Platzpatronen als Abschluß nach vorn einen festen Körper (z. B. geschoßförmigen Holzpfropfen) enthalten, der beim Abschuß durch den Lauf getrieben wird, zählen sie zur Patronenmunition.

Welche Gegenstände stehen der Munition gleich?

Treibladungen, die nicht in Hülsen untergebracht sind, wenn sie eine den Innenabmessungen einer Schußwaffe angepaßte Form haben und zum Antrieb von Geschossen bestimmt sind (§ 2 Abs. 2).

Gilt loses Schießpulver als Munition?

Nein — es unterliegt den besonderen Bestimmungen des Sprengstoffgesetzes.

Was sind Geschosse im Sinne des Waffengesetzes?

1. Feste Körper,
2. gasförmige, flüssige oder feste Stoffe in Umhüllungen (§ 2 Abs. 3).

2. Waffenbesitz und Waffenerwerb

Was gilt als besitzen im Sinne des Waffengesetzes?

Im Sinne des Waffengesetzes besitzt einen Gegenstand, wer — ohne Rücksicht auf die Eigentumsverhältnisse — die tatsächliche Gewalt über ihn ausübt (§ 28 Abs. 1).

Was gilt als erwerben im Sinne des Waffengesetzes?

Im Sinne des Waffengesetzes erwirbt einen Gegenstand, wer die tatsächliche Gewalt über ihn erlangt (§ 4 Abs. 1). Die Eigentumsverhältnisse werden davon weder berührt noch spielen sie für den Tatbestand des Erwerbs eine Rolle.

Was gilt als überlassen im Sinne des Waffengesetzes?

Im Sinne des Waffengesetzes überläßt einen Gegenstand, wer die tatsächliche Gewalt über ihn einem anderen einräumt (§ 4 Abs. 2). Auch hierbei spielen die Eigentumsverhältnisse keine Rolle.

Ist der Waffenbesitz erlaubnispflichtig?

Ja. Im Gegensatz zum früheren Waffenrecht der Bundesrepublik Deutschland ist nach dem jetzigen Waffengesetz auch der Besitz von Schußwaffen erlaubnispflichtig. Die Erlaubnis wird nach § 28 durch eine Waffenbesitzkarte erteilt, die auf eine bestimmte Person ausgestellt wird und in die detaillierte Angaben über die Waffen eingetragen werden.

Kann die Erteilung der Waffenbesitzkarte mit Auflagen verbunden werden?

Ja. Nach § 28 Abs. 1 kann die Erteilung einer Waffenbesitzkarte zur Abwehr von Gefahren für die öffentliche Sicherheit, insbesondere hinsichtlich der Aufbewahrung der Schußwaffen, mit Auflagen verbunden werden. Solche Auflagen sind auch nachträglich zulässig.

Wie lange gilt eine Waffenbesitzkarte?

Die Waffenbesitzkarte und damit die Erlaubnis zum Besitz der darin aufgeführten Schußwaffen wird nach § 28 Abs. 1 unbefristet erteilt.

Welche Genehmigung ist zum Erwerb einer Schußwaffe notwendig?

Die Erlaubnis zum Waffenerwerb wird von der zuständigen Behörde auf der Waffenbesitzkarte erteilt. Derselbe Ausweis berechtigt also zum Erwerb und zum späteren Nachweis des berechtigten Waffenerwerbs und Waffenbesitzes. Im Gegensatz zur sonstigen Gültigkeitsdauer der Waffenbesitzkarte gilt die Erlaubnis zum Erwerb für die Dauer eines Jahres.

Gibt es besondere Waffenbesitzkarten für Sportschützen?

Ja — nach § 28 Abs. 2 Satz 1 wird Sportschützen (auf Antrag) eine unbefristete Erlaubnis erteilt, die allgemein zum Erwerb von Einzelladerwaffen mit einer Länge von mehr als 60 cm berechtigt.

Gibt es besondere Waffenbesitzkarten für Waffensammler, Gutachter usw.?

Ja — nach § 28 Abs. 2 Satz 2 kann Waffensammlern sowie Personen, denen Schußwaffen zur Erprobung, Begutachtung, Untersuchung oder für ähnliche Zwecke überlassen werden, die Erlaubnis zum Erwerb von Schußwaffen unbefristet und für bestimmte Arten von Schußwaffen, in begründeten Ausnahmefällen unbefristet für Schußwaffen jeder Art erteilt werden. Auch hierbei sind zur Abwendung von Gefahren für die öffentliche Sicherheit Befristungen und Auflagen zulässig.

Sind Erwerb und Besitz von Einstecklaufen und Schußapparaten erlaubnispflichtig?

Nein — nach § 28 Abs. 3 bedarf es zum Erwerb und Besitz von Schußapparaten und Einstecklaufen keiner Waffenbesitzkarte. Nach § 4 Abs. 1 Nr. 2 der 1. WaffV gilt das auch für Einsätze, die dazu bestimmt sind, Munition mit kleineren Abmessungen zu verschießen, und die keine Einstecklaufe sind (sogenannte Reduzierhülsen), wenn sie für Schußwaffen bestimmt sind, die bereits in der Waffenbesitzkarte des Erlaubnisinhabers eingetragen sind.

Wie ist der Erwerb und Besitz von Wechsel- und Austauschlaufen rechtlich geregelt?

Nach § 4 der 1. WaffV können Wechsel- und Austauschlaufe einschließlich der für diese Läufe erforderlichen auswechselbaren Verschlüsse — sofern sie für bereits in die Waffenbesitzkarte eingetragene Waffen bestimmt sind — frei erworben werden. Ihr Erwerb ist jedoch der zuständigen Behörde innerhalb eines Monats unter Vorlage der Waffenbesitzkarte zur Eintragung des Erwerbs anzuzeigen.

Sind Erwerb und Besitz von Luftdruckwaffen erlaubnispflichtig?

Luftdruck-, Federdruck- und CO_2-Waffen sind genehmigungsfrei, wenn sie entweder vor dem 1. Januar 1970 erworben wurden oder wenn die Bewegungsenergie ihrer Geschosse nicht mehr als 7,5 J beträgt und sie das hierfür vorgeschriebene Kennzeichen (s. Abb. auf S. 112, Spalte 3) tragen (§ 2 Abs. 4 der 1. WaffV).

Sind Erwerb und Besitz von Vorderladern erlaubnispflichtig?

Erlaubnisfrei sind Vorderladerwaffen mit Lunten- oder Funkenzündung (Radschloß- und Steinschloßwaffen) sowie einläufige Einzellader-Perkussionswaffen, deren Modell vor dem Jahre 1871 entwickelt worden ist.

Sind Schreckschuß-, Reizstoff- und Signalwaffen erlaubnispflichtig?

Der Erwerb und Besitz dieser Waffen ist nicht genehmigungspflichtig, sofern die Waffen das hierfür vorgesehene Zeichen der Physikalisch-Technischen Bundesanstalt in Braunschweig (s. Abb. auf S. 112) tragen (§ 2 Abs. 4 Nr. 2 der 1. WaffV). Ansonsten sind sie wie jede voll genehmigungspflichtige Waffe zu behandeln.

Sind Spielzeugwaffen erlaubnispflichtig?

Nach § 1 Abs. 1 der 1. WaffV fallen zum Spielen bestimmte waffenähnliche Gegenstände, aus denen lediglich Geschosse, denen eine Bewegungsenergie von nicht mehr als 0,5 Joule erteilt wird, oder Zündblättchen, -bänder oder -ringe (Amorces) oder Knallkorken abgeschossen werden können, nicht unter das Waffengesetz. Sie dürfen jedoch nicht den Anschein einer vollautomatischen Selbstladewaffe hervorrufen, die Kriegswaffe im Sinne des Gesetzes über die Kontrolle von Kriegswaffen (z. B. Maschinenpistole) ist (§ 1 Abs. 3 Nr. 3 der 1. WaffV).

Was sind Zier- und Sammlerwaffen im Sinne des Gesetzes?

Veränderte Schußwaffen mit einer Länge von mehr als 60 cm, die für Zier- oder Sammlerzwecke, zu Theateraufführungen, Film- oder Fernsehaufnahmen bestimmt sind, wenn sie die nachstehenden Anforderungen erfüllen (§ 3 Abs. 1 der 1. WaffV):

1. Das Patronenlager muß dauerhaft so verschlossen sein, daß keine Patronen- oder pyrotechnische Munition geladen werden kann.
2. Der Lauf muß in dem dem Patronenlager zugekehrten Drittel mindestens sechs kalibergroße, nach vorn gerichtete unverdeckte Bohrungen oder andere gleichwertige Laufveränderungen aufweisen und vor diesen in Richtung der Laufmündung mit einem kalibergroßen, gehärteten Stahlstift dauerhaft verschlossen sein.
3. Der Lauf muß mit dem Gehäuse fest verbunden sein, sofern es sich um Waffen handelt, bei denen der Lauf ohne Anwendung von Werkzeugen ausgetauscht werden kann.
4. Die Schußwaffen dürfen ihrer äußeren Form nach nicht den Anschein einer vollautomatischen Selbstladewaffe, die Kriegswaffe ist, hervorrufen.

Die Änderungen müssen so vorgenommen sein, daß sie nicht mit allgemein gebräuchlichen Werkzeugen rückgängig gemacht und die Gegenstände nicht so geändert werden können, daß aus ihnen Geschosse, Patronen- oder pyrotechnische Munition verschossen werden kann.

Nach § 3 Abs. 2 derselben Verordnung gelten die vorstehenden Bestimmungen nicht für Waffen, die vor dem 1. April 1976 entsprechend den Anforderungen des § 3 der Ersten Verordnung zum Waffengesetz vom 19. Dezember 1972 verändert worden sind.

Was gilt für den Erwerb und Besitz dieser Zier- und Sammlerwaffen?

Der Erwerb und Besitz dieser Waffen ist völlig frei.

Ist der Erwerb und Besitz von 4 mm-Waffen erlaubnispflichtig?

Ja — im Gegensatz zu der ursprünglichen Fassung des gegenwärtigen Waffengesetzes sind nach Inkrafttreten des Änderungsgesetzes auch die Schußwaffen im Kaliber 4 mm waffenbesitzkartenpflichtig. Anders als bei den übrigen erlaubnispflichtigen Schußwaffen ist jedoch nach § 2 Abs. 5 der 1. WaffV für die Erteilung einer Waffenbesitzkarte für Handfeuerwaffen, deren Geschossen eine Bewegungsenergie von nicht mehr als 7,5 J erteilt wird und die das entsprechende Kennzeichen tragen, das Bedürfnis nicht zu prüfen. Das gilt auch für die Erteilung der Munitionserwerbsgenehmigung für Munition, die für die vorgenannten Waffen bestimmt ist.

Was ist zu tun, wenn eine Waffe auf Grund einer Waffenbesitzkarte erworben worden ist?

Der Erwerber hat nach § 28 Abs. 7 den Erwerb binnen zwei Wochen der zuständigen Behörde schriftlich anzuzeigen und seine Waffenbesitzkarte zur Eintragung des Erwerbs vorzulegen. Dies gilt nicht für Gutachter usw., denen die Waffenbesitzkarte auf Schußwaffen jeder Art ausgestellt worden ist, wenn die tatsächliche Gewalt über die Schußwaffe nicht länger als drei Monate ausgeübt wird.

Kann eine Waffenbesitzkarte auf mehrere Personen ausgestellt werden?

Ja — nach § 28 Abs. 6 kann eine Waffenbesitzkarte über Schußwaffen, über die mehrere Personen die tatsächliche Gewalt ausüben, auf diese Personen ausgestellt werden.

Wer braucht keine Waffenbesitzkarte beim Erwerb einer Waffe?

Nach § 28 Abs. 4 bedarf einer Waffenbesitzkarte nicht, wer eine Schußwaffe

1. von Todes wegen erwirbt,
2. durch Fund (§ 965 Abs. 1 des Bürgerlichen Gesetzbuches) erwirbt, sofern er die Waffe unverzüglich dem Verlierer, dem Eigentümer, einem sonstigen Erwerbsberechtigten oder der für die Entgegennahme der Fundanzeige zuständigen Stelle abliefert,
3. von einem Berechtigten vorübergehend zum Zwecke der sicheren Verwahrung oder der nicht gewerbsmäßigen Beförderung zu einem Berechtigten erwirbt,
4. von einem anderen wiedererwirbt, dem er sie vorübergehend überlassen hat, ohne daß es hierfür einer Eintragung in die Waffenbesitzkarte bedurfte,
5. von einem anderen oder für einen anderen Berechtigten erwirbt, wenn und solange er die Weisungen des anderen über die Ausübung der tatsächlichen Gewalt über die Schußwaffe auf Grund eines gerichtlichen oder behördlichen Auftrags oder eines Arbeitsverhältnisses oder als Beauftragter einer jagdlichen oder schießsportlichen Vereinigung oder einer Vereinigung, bei der es Brauch ist, aus besonderem Anlaß Schußwaffen zu tragen, zu befolgen hat,
6. auf einer Schießstätte lediglich vorübergehend zum Schießen auf der Schießstätte erwirbt,
7. als Inhaber eines Jahresjagdscheines, Tagesjagdscheines oder Jugendjagdscheines erwirbt, sofern es sich um eine Schußwaffe mit einer Länge von mehr als 60 cm handelt, ausgenommen Selbstladewaffen, deren Magazin mehr als zwei Patronen aufnehmen kann,
8. lediglich zur gewerbsmäßigen Beförderung oder gewerbsmäßigen Lagerung erwirbt; der gewerbsmäßigen Beförderung steht die Beförderung durch Eisenbahnen des öffentlichen Verkehrs oder durch die Post gleich,
9. nach dem Abhandenkommen wiedererwirbt,
10. als Gerichtsvollzieher oder Vollziehungsbeamter in einem Vollstreckungsverfahren erwirbt.

In den Fällen der Nr. 1, 7 und 9 hat der Erwerber binnen eines Monats die Ausstellung einer Waffenbesitzkarte oder die Eintragung der Waffe in eine bereits erteilte Waffenbesitzkarte zu beantragen, sofern er die Schußwaffe nicht vorher einem Berechtigten überläßt.

Wie ist die rechtliche Lage, wenn man eine Schußwaffe erbt?

Nach § 28 Abs. 4 Nr. 1 ist der Erwerb von Todes wegen erlaubnisfrei. Der Erwerber hat jedoch binnen eines Monats nach Erwerb die Ausstellung einer Waffenbesitzkarte oder die Eintragung der Waffe in eine bereits erteilte Waffenbesitzkarte zu beantragen, sofern er die Schußwaffe nicht vorher einem Berechtigten überläßt. Die Einmonatsfrist beginnt mit der Annahme des Erwerbs oder mit Ablauf der für die Ausschlagung vorgeschriebenen Frist.

Wem dürfen erlaubnispflichtige Waffen überlassen werden?

Nur Personen, die entweder eine Waffenbesitzkarte mit eingetragener Erwerbsberechtigung für die betreffende Waffe haben oder die aufgrund des Gesetzes keine Waffenbesitzkarte für diesen Erwerb benötigen (s. S. 86, außerdem Büchsenmacher und Waffenhändler).

Darf ein Schußwaffenbesitzer seine Waffe einer anderen Person zur sicheren Verwahrung überlassen?

Ja — nach § 28 Abs. 4 Nr. 3 darf der rechtmäßige Besitzer einer Schußwaffe diese Waffe vorübergehend zum Zwecke der sicheren Verwahrung oder der nicht gewerbsmäßigen Beförderung zu einem Berechtigten einer anderen Person übergeben. Diese Person seines Vertrauens benötigt für die Verwahrung oder Beförderung keine Waffenbesitzkarte. Es empfiehlt sich jedoch, dieser Person eine entsprechende schriftliche Bescheinigung auszustellen.

Was ist nach dem Überlassen einer Waffe zu veranlassen?

Sofern es sich nicht nur um ein vorübergehendes Überlassen auf dem Schießstand, zur sicheren Verwahrung, zur Reparatur o. ä. handelt, müssen innerhalb zweier Wochen die Waffenbesitzkarten des Überlassers und — soweit nicht für Waffenhändler, Büchsenmacher, Jagdscheininhaber usw. andere Bestimmungen zutreffen — des Erwerbers der zuständigen Behörde zwecks entsprechender Eintragungen vorgelegt werden.

Ist auch der Munitionserwerb erlaubnispflichtig?

Ja — die Erlaubnis wird nach § 29 durch einen Munitionserwerbs-schein erteilt, und zwar für eine bestimmte Munitionsart und für die Dauer von fünf Jahren, sie kann jedoch in begründeten Fällen für Munition jeder Art und unbefristet erteilt werden.

Welche Munition darf man erlaubnisfrei erwerben?

Eines Munitionserwerbsscheins bedarf es nicht zum Erwerb von Patronen- oder Kartuschenmunition, die aus Schußwaffen ver-schossen werden kann, zu deren Erwerb es ihrer Art nach keiner Erlaubnis bedarf (§ 29 Abs. 3).

Kann Munition auf Schießständen frei erworben werden?

Ja — jedoch nur zum sofortigen Verbrauch auf dem Schießstand (§ 29 Abs. 2 Nr. 3). Ohne Nachweis der Berechtigung zum Munitions-erwerb darf einem Benutzer der Schießstätte nicht mehr Munition überlassen werden, als dieser nach den gegebenen Umständen sofort, d. h. während des jeweiligen Aufenthaltes auf der Schieß-stätte, verbrauchen kann (WaffVwV Nr. 29. 2. 4).

Wer benötigt keinen Munitionserwerbsschein?

1. Jagdscheininhaber für Gewehrmunition.
2. Inhaber einer Waffenbesitzkarte, in welche die Erlaubnis zum Munitionserwerb eingetragen ist.
3. Wer die Munition durch Erbschaft, Fund usw. erwirbt, also im wesentlichen unter den gleichen Voraussetzungen wie ein Waffenerwerb ohne Erlaubnis möglich ist (s. S. 86).

Wem darf erlaubnispflichtige Munition überlassen werden?

Nur Personen, die entweder einen Munitionserwerbschein für diese Munition beziehungsweise eine entsprechende Eintragung in ihrer Waffenbesitzkarte haben oder die aufgrund des Gesetzes keine derartige Genehmigung benötigen (s. vorstehende Fragen, außerdem Büchsenmacher und Waffenhändler).

Wann müssen waffenrechtliche Genehmigungen versagt werden?

Nach § 30 Abs. 1 des Waffengesetzes
1. wenn der Antragsteller das 18. Lebensjahr noch nicht vollendet hat (hiervon sind jedoch Ausnahmen zulässig),
2. wenn Tatsachen die Annahme rechtfertigen, daß der Antragsteller die erforderliche Zuverlässigkeit (§ 5), Sachkunde (§ 31) oder körperliche Eignung nicht besitzt,
3. wenn ein Bedürfnis (§ 32) nicht nachgewiesen ist.

Wann können waffenrechtliche Genehmigungen versagt werden?

Nach § 30 Abs. 3 des Waffengesetzes
1. wenn der Antragsteller nicht Deutscher im Sinne des Artikels 116 des Grundgesetzes ist,
2. wenn der Antragsteller nicht seit mindestens drei Jahren seinen Wohnsitz oder seinen gewöhnlichen Aufenthalt ununterbrochen in der Bundesrepublik Deutschland einschließlich des Landes Berlin hat.

Wer gilt als nicht zuverlässig im Sinne des Waffengesetzes?

Nach § 5 WaffG besitzen die erforderliche Zuverlässigkeit Personen nicht, wenn Tatsachen die Annahme rechtfertigen, daß sie
1. Waffen oder Munition mißbräuchlich oder leichtfertig verwenden werden,
2. mit Waffen oder Munition nicht vorsichtig und sachgemäß umgehen und diese Gegenstände nicht sorgfältig verwahren werden,
3. Waffen oder Munition Personen überlassen werden, die zur Ausübung der tatsächlichen Gewalt über diese Gegenstände nicht berechtigt sind.

Die erforderliche Zuverlässigkeit besitzen in der Regel Personen nicht, die
1. a) wegen Friedensverrats, Hochverrats, Gefährdung des demokratischen Rechtsstaates, Landesverrats oder Gefährdung der äußeren Sicherheit,
   b) wegen vorsätzlichen Angriffs auf das Leben oder die Gesundheit, Vergewaltigung, Zuhälterei, Land- oder Hausfriedensbruchs, Widerstandes gegen die Staatsgewalt, einer gemeingefährlichen Straftat oder einer Straftat gegen das Eigentum oder das Vermögen,
   c) mindestens zweimal wegen einer im Zustand der Trunkenheit begangenen Straftat,
   d) wegen einer fahrlässigen Straftat im Zusammenhang mit dem Umgang mit Waffen, Munition oder Sprengstoff,
   e) wegen einer Straftat gegen dieses Gesetz, das Bundeswaffengesetz, das Reichswaffengesetz, das Gesetz über die Kontrolle von Kriegswaffen, das Sprengstoffgesetz oder das Bundesjagdgesetz
   rechtskräftig verurteilt worden sind, wenn seit dem Eintritt der Rechtskraft der letzten Verurteilung fünf Jahre noch nicht verstrichen sind. In die Frist wird die Zeit nicht eingerechnet, in welcher der Antragsteller auf behördliche Anordnung in einer Anstalt verwahrt worden ist,
2. wiederholt oder gröblich gegen die Vorschriften eines der in Nummer 1 Buchstabe e genannten Gesetze verstoßen haben,
3. geschäftsunfähig oder in der Geschäftsfähigkeit beschränkt sind,
4. trunksüchtig, rauschmittelsüchtig, geisteskrank oder geistesschwach sind.

Wie ist die Zuverlässigkeit bei schwebenden Verfahren zu beurteilen?

Ist ein Verfahren nach § 5 Abs. 2 Nr. 1 noch nicht abgeschlossen, so kann die zuständige Behörde die Entscheidung über den Antrag auf Erteilung einer Erlaubnis, einer Waffenbesitzkarte oder eines Munitionserwerbscheins bis zum rechtskräftigen Abschluß des Verfahrens aussetzen (§ 5 Abs. 3).

Kann die Behörde die Vorlage eines ärztlichen Zeugnisses verlangen?

Sind Tatsachen bekannt, die Bedenken gegen die Zuverlässigkeit in gesundheitlicher Hinsicht begründen, kann die zuständige Behörde nach § 5 Abs. 4 verlangen, daß der Antragsteller ein amts- oder fachärztliches Zeugnis über seine geistige und körperliche Eignung vorlegt.

Wann liegt ein Bedürfnis aus Sicherheitsgründen vor?

Nach § 32 Abs. 1 Nr. 3 liegt ein Bedürfnis insbesondere vor, wenn der Antragsteller glaubhaft macht, wesentlich mehr als die Allgemeinheit durch Angriffe auf Leib oder Leben gefährdet zu sein und der Erwerb von Schußwaffen oder Munition geeignet ist, diese Gefährdung zu mindern.

Wie ist die Bedürfnisfrage für Gewehr-Sportschützen geregelt?

Da nach § 28 Abs. 2 Satz 1 Sportschützen auf Antrag eine unbefristete Erlaubnis erteilt wird, die allgemein zum Erwerb von Einzelladerwaffen mit einer Länge von mehr als 60 cm berechtigt, brauchen Sportschützen für den Erwerb von derartigen Sportgewehren im Einzelfall keinen Bedürfnisnachweis zu führen.

Wie ist die Bedürfnisfrage für Faustfeuerwaffen-Sportschützen geregelt?

Besitzt ein Sportschütze weniger als zwei Faustfeuerwaffen, so braucht er nach § 32 Abs. 2 Nr. 3 ein Bedürfnis für den Erwerb von Faustfeuerwaffen nicht nachzuweisen, wenn er als Mitglied eines Schießsportvereins die Waffe zur Teilnahme an ordentlichen Schießwettbewerben benötigt und er durch eine Bescheinigung des Vereins nachweist, daß er an den Übungsschießen des Vereins mindestens sechs Monate regelmäßig und erfolgreich teilgenommen hat. Besitzt er bereits zwei oder mehr Faustfeuerwaffen, so muß er für jede weitere Faustfeuerwaffe das Bedürfnis nachweisen. Nach der WaffVwV Nr. 32. 2. 2 kann bei Sportschützen das Bedürfnis für den Erwerb einer weiteren Kurzwaffe im allgemeinen anerkannt werden, wenn der Antragsteller durch Vorlage einer Bescheinigung des zuständigen Landessportverbandes nachweist, daß er sich in einer schießsportlichen Vereinigung erfolgreich in bestimmten Schießdisziplinen beteiligt und daß die beantragte Sportwaffe zur Leistungssteigerung in den betreffenden Schießdisziplinen erforderlich ist.

Gilt das Mindestalter auch für den Erwerb erlaubnisfreier Waffen?

Ja! Außer beim Erwerb von Todes wegen, durch Fund usw. (§ 28 Abs. 4 Nr. 1 bis 6, 8 und 9) ist nach § 33 auch für den Erwerb erlaubnisfreier Waffen und Munition ein Mindestalter von 18 Jahren vorgeschrieben. Im Einzelfall kann die Behörde hiervon Ausnahmen genehmigen.

Dürfen Patronen lose verkauft werden?

Gewerbsmäßig darf Munition gemäß § 34 Abs. 1 nur in verschlossenen Packungen überlassen werden. Der Grund für diese Bestimmung ist darin zu sehen, daß oftmals nicht die einzelne Patrone, sondern nur die Originalpackung alle Aufschriften trägt, deren Kenntnis zur Vermeidung unfallträchtiger Verwechslungen notwendig ist.

Worauf hat jeder Waffenbesitzer zu achten?

Nach § 42 WaffG hat jeder, der die tatsächliche Gewalt über Waffen oder Munition ausübt, Vorkehrungen zu treffen, daß diese Gegenstände nicht abhandenkommen oder daß Dritte sie unbefugt an sich nehmen. Dabei ist nicht zuletzt auch an die Verwahrung vor Kindern zu denken.

Was ist bei einem Abhandenkommen zu tun?

Kommen jemandem
1. Schußwaffen, deren Erwerb der Erlaubnis bedarf,
2. Munition, deren Erwerb der Erlaubnis bedarf,
3. Munition für Schußapparate,
4. Erlaubnisurkunden oder Ausnahmebescheide

abhanden, so hat er das binnen einer Woche, nachdem er davon Kenntnis erlangt hat, der zuständigen Behörde anzuzeigen. In den Fällen der Nummern 2 und 3 ist eine solche Anzeige jedoch nur erforderlich, wenn Anhaltspunkte für eine unbefugte Wegnahme vorliegen (§ 43 Abs. 2). Außer einer Benachrichtigung der für Waffenangelegenheiten zuständigen Ordnungsbehörde muß bei Diebstahl usw. eine Anzeige bei der Polizei erfolgen. Im Falle der Nr. 1 ist die Waffenbesitzkarte der zuständigen Behörde zur Berichtigung vorzulegen.

3. Waffensammeln

Ist ein Sammeln von Schußwaffen zulässig?

Ja — der Gesetzgeber hat mit mehreren Bestimmungen des Waffengesetzes das Sammeln von Schußwaffen und Munition ausdrücklich anerkannt.

Welche Genehmigung benötigt ein Waffensammler?

Entweder eine gewöhnliche Waffenbesitzkarte oder eine spezielle Waffenbesitzkarte für Waffensammler (s. S. 77).

Welche Voraussetzungen muß ein Waffensammler für die notwendige Erlaubnis erbringen?

Im Prinzip die gleichen wie jeder andere Antragsteller, d. h. Mindestalter von 18 Jahren, Zuverlässigkeit, Sachkunde, körperliche Eignung und Bedürfnisnachweis.

Wann liegt ein Bedürfnis als Waffensammler vor?

Nach § 32 Abs. 1 Nr. 4 liegt ein Bedürfnis insbesondere vor, wenn der Antragsteller glaubhaft macht, als Waffensammler oder Munitionssammler wissenschaftlich oder technisch tätig zu sein oder durch den Erwerb eine kulturhistorisch bedeutsame Sammlung anzulegen oder zu erweitern, sofern diese gegen unbefugten Zugriff genügend gesichert ist.

Wie präzisiert die WaffVwV vorstehende Bestimmung?

Nach der WaffVwV Nr. 32. 4 kann ein Bedürfnis im vorstehenden Sinne insbesondere vorliegen, wenn das Sammeln von Waffen oder Munition mit dem Beruf oder der fachlichen Ausbildung des Antragstellers in Zusammenhang steht oder kulturhistorischen Zwecken dient. Waffensammler, die lediglich Dekorationsstücke erwerben wollen, fallen nicht unter § 32 Abs. 1 Nr. 4 WaffG. Sie sind auf sogenannte Zier- und Sammlerwaffen im Sinne des § 3 der 1. WaffV zu verweisen, die von § 28 Abs. 1 WaffG nicht erfaßt werden (also auf die unbrauchbar gemachten, genehmigungsfreien Waffen). Erstreckt sich die Erlaubnis auf den Erwerb von und die Ausübung der tatsächlichen Gewalt über Kurzwaffen, deren Modell nach dem 1. Januar 1871 entwickelt worden ist oder die zum Verschießen von Munition bestimmt sind, die nach § 25 Abs. 2 WaffG zugelassen ist, oder um Perkussionsrevolver, so sind, wenn der Erlaubnisinhaber über mehr als zehn Waffen die tatsächliche Gewalt ausübt, als Auflage (§ 28 Abs. 1 Satz 5 WaffG) die gleichen Maßnahmen gegen ein Abhandenkommen der Waffen zu fordern, wie sie gewöhnlich dem Inhaber einer Erlaubnis nach § 7 WaffG (Waffenhersteller, Waffenhändler) auferlegt werden.

Wer ist als Sammler anzuerkennen?

Nach der WaffVwV Nr. 32. 4. 1 sind als Sammler Personen anzuerkennen, die zu wissenschaftlichen oder technischen Zwecken die Entwicklung von Waffen oder Munition untersuchen oder eine Sammlung nach einem bestimmten System anlegen oder erweitern wollen.

Wie umschreibt die WaffVwV die »wissenschaftliche Tätigkeit«?

Eine wissenschaftliche Tätigkeit kann sich auf die innerballistischen Untersuchungen — Einfluß des Verbrennungsraumes, der Form und Größe des Patronen- oder Kartuschenlagers, der Reibungsverhältnisse (Übergang, Feld- und Zugdurchmesser), der Laufgestaltung (Gesamtlänge, Drall und besondere Gestaltung, z. B. Konizität) — und/oder auf die außenballistischen Untersuchungen einschließlich der Endballistik (Vorgänge beim Auftreffen der Geschosse) sowie Arbeiten über die Sicherung von Waffen und die Entwicklung konstruktiver Neuerungen beziehen. Als Nachweis für eine solche wissenschaftliche Tätigkeit wird man in der Regel Veröffentlichungen oder sonstige abgeschlossene Arbeiten oder einen anderweitigen Nachweis des Fachwissens auf diesem Gebiet verlangen müssen.

Wie umschreibt die WaffVwV die »technische Tätigkeit«?

Eine technische Tätigkeit liegt dann vor, wenn die mechanischen Abläufe und insbesondere deren Änderungen und Weiterentwicklungen untersucht oder vorangetrieben werden sollen. Hierbei kann es sich u. a. um den Zünd- und den Verschlußmechanismus und bei voll- oder halbautomatischen Waffen um den Auswerf- und Patronenzuführmechanismus handeln. Derartige Tätigkeiten werden von Personen ausgeübt, die entweder von dem erlernten Beruf, vom Militärdienst oder einer Tätigkeit bei einer Organisation (z. B. Schießsportverein) her oder auf Grund eines besonderen Interesses und Fachwissens mit der Herstellung, Instandsetzung und Bearbeitung von Schußwaffen, mit der Untersuchung von Waffenunfällen oder der Erstellung von Gutachten und Expertisen beschäftigt sind oder waren.

Wie umschreibt die WaffVwV die »kulturhistorisch bedeutsame Sammlung«?

Die Anerkennung einer kulturhistorisch bedeutsamen Sammlung setzt voraus, daß Waffen oder Munition von geschichtlichem Wert nach einem bestimmten System zusammengefaßt werden sollen. Zu diesem Zweck kann es auch erforderlich sein, Waffen oder Munition zu sammeln, die eine bestimmte Entwicklung beeinflußt oder fortgeführt haben. Eine Sammlung im Sinne des Gesetzes kann dabei Waffen oder Munition umfassen, die

nach rein chronologischen Gesichtspunkten geordnet oder mit Erinnerungen an berühmte Menschen oder an geschichtliche Ereignisse verknüpft sind oder einen exemplarischen Ausweis einer bestimmten Epoche darstellen,

nach dem Zündsystem (Vorder-, Hinterladerwaffen, Rand- oder Zentralfeuerzündung) geordnet sind,

nach dem Verschlußsystem geordnet sind,

nach geographischem Bezug (Verwendungs-, Herstellungsort, -land, -zeit) geordnet sind und sich auf ein einziges Modell oder auf verschiedene Waffenmodelle oder Munitionsarten in ihrer geschichtlichen Entwicklung beziehen.

Sind auch Waffensammlungen anderer Art zulässig?

Ja — nach der WaffVwV Nr. 32.4.3 sind auch Sammlungen denkbar, die nach anderen Systematisierungsgesichtspunkten aufgebaut sind (z. B. Jagd-, Duell-, Deliktswaffen oder Bodenstempel auf Patronen). Waffen von einer Länge unter 60 cm können Gegenstand einer Sammlung sein, wenn diese Waffen der Ergänzung ähnlicher Modelle in einer bereits angelegten Sammlung dienen. Beim Erwerb von Schußwaffen mit mehr als zwei Läufen und solchen mit einer Mehrschußeinrichtung, insbesondere von Selbstladewaffen, ist im einzelnen nachzuweisen, daß diese Waffen zur Ergänzung der Sammlung erforderlich sind. In diesem Fall ist ein Bedürfnis nur für den Erwerb von Waffen eines bestimmten Modells (z. B. Pistole 08) oder von Waffen zum Verschießen einer bestimmten Munition (z. B. Kal. 7,65) anzuerkennen.

Was ist bei Beantragung einer Waffenbesitzkarte durch (zukünftige) Sammler zu bedenken?

Der Gesetzgeber hat im Waffengesetz den Begriff des Waffensammlers ganz fest umrissen und dabei die Waffensammler in drei Kategorien eingeteilt, und zwar in diejenigen, die »wissenschaftlich tätig« sind, die »technisch tätig« sind oder die eine »kulturhistorisch bedeutsame Sammlung« anlegen oder erweitern wollen. Nur wenn seitens des Antragstellers eines dieser drei Kriterien erfüllt wird, ist die Anerkennung eines Bedürfnisses als Waffensammler möglich. Wer Waffen sammeln und die dafür (bei genehmigungspflichtigen Waffen) notwendige Erlaubnis beantragen möchte, sollte sich also vorher genauestens überlegen, in welche der drei Kategorien er einzuordnen ist, d. h. welche Begründung er in seinem Antrag angeben will.

Während die Begriffe »wissenschaftlich tätig« und »technisch tätig« in Verbindung mit Waffen oder Munition hinlänglich klar sind, wird der Begriff »kulturhistorisch bedeutsame Sammlung« häufig falsch interpretiert. Zweifellos kann man ihn nicht in detaillierten, in allen Punkten exakt gefaßten Regeln formulieren. Auch die vorstehend zitierte Aufzählung der WaffVwV ist keineswegs vollzählig. Aus der Praxis des Verfassers in einem Ausschuß der Innenbehörde Hamburg für die Anerkennung von Waffensammlern sei jedoch gesagt, daß einerseits die Betonung auf allen drei Wörtern »kulturhistorisch«, »bedeutsam« und »Sammlung« liegen muß, andererseits alle drei Bedingungen erfüllt sein müssen.

Zunächst muß es sich um eine − zu erweiternde oder auch erst anzulegende − Sammlung handeln. Dabei kommt es weniger auf die Zahl der vorhandenen oder zu erwerbenden Stücke an, als vielmehr darauf, daß es sich − im Gegensatz zur bloßen Ansammlung − um eine echte Sammlung nach ganz bestimmten Gesichtspunkten (z. B. Blank- und Schußwaffen der preußischen Armee, Ausrüstung und Waffen der britischen Kolonialtruppen, internationale Entwicklung der Großwildbüchsen o. ä. handelt), die in sich nach einem logisch aufgebauten und konsequent verwirklichten System angelegt ist. Auch die WaffVwV stellt ausdrücklich fest: »Eine unsystematische Ansammlung von Waffen oder Munition erfüllt nicht die Merkmale einer Sammlung.«

Eine nach solchen Gesichtspunkten aufgebaute Sammlung muß nun »kulturhistorisch bedeutsam« sein. Das wäre sie zweifellos nicht, wenn sie nur oder zu einem größeren Anteil Originalwaffen oder gar Nachbauten enthalten würde, die heute in großen Mengen billig auf dem Gebrauchtwaffenmarkt angeboten werden. Was im Handel als billiger Ramsch erhältlich ist, kann nicht kulturhistorische Bedeutsamkeit beanspruchen. Zwar können einzelne solcher Stücke zur Auffüllung von Lücken in der Sammlung verwandt werden. Im wesentlichen muß eine Sammlung, die den Anspruch auf kulturhistorische Bedeutsamkeit beansprucht, aber schon aus Waffen bestehen, die zumindest original sind und auch als Einzelstücke einen gewissen Sammlerwert haben.

Anlage und Ausbau einer solchen Sammlung setzen nennenswerte Sachkenntnisse hinsichtlich des bezogenen Themas, Kenntnis der einschlägigen Fachliteratur, einschlägiger Museen, berühmter Privatsammlungen usw. voraus, kurz gesagt eine eingehende gedankliche Beschäftigung mit dem thematischen Inhalt der Sammlung sowie mit dem jeweiligen historischen oder sachlichen Hintergrund, also – um bei den drei angeführten Beispielen zu bleiben – genügende Kenntnisse über die Geschichte der preußischen Armee, über die Geschichte der britischen Kolonialkriege und die betroffenen Länder, über die internationale Entwicklung der Großwildjagd und ihrer biologischen, wirtschaftlichen, kulturellen und sonstigen Aspekte.

Wie weit müssen Waffensammlungen der Öffentlichkeit zugänglich gemacht werden?

In einem Grundsatzurteil stellt das Oberverwaltungsgericht Lüneburg zur Anerkennung des Waffensammelns fest:»Zweck und Ziel ... müssen ... über die ... Absicht hinausgehen, bereits bekannte Tatsachen und Zusammenhänge durch die eigene Anschauung zu bestätigen, um damit ein individuelles Interesse zu befriedigen. Das setzt unter anderem die Bereitschaft voraus, die gewonnenen Erkenntnisse der interessierten Öffentlichkeit zugänglich zu machen.« Das Gericht stellt deutlich auf ein Gemeinschaftsinteresse ab. Nach Ansicht einschlägig versierter Experten bedeutet dies nicht, daß nun aus jeder Waffensammlung ein Privatmuseum gemacht werden muß, zu dem jeder auf der Straße Vorübergehende Zutritt hat. In dem zitierten Wortlaut ist einerseits von den »gewonnenen Erkenntnissen«, andererseits von der »interessierten Öffentlichkeit« die Rede. Der Forderung des Gerichts dürfte vollauf Genüge getan sein, wenn anderen ernsthaften Waffensammlern, Fachinstituten, Fachbehörden, Waffen- oder Schießexperten, Gerichtsgutachtern, Fachschriftstellern o. ä. durch gelegentliche Einblicke in die Sammlung Unterstützung gewährt oder wenn aus der Sammlung gezogene wissenschaftliche Erkenntnisse in der einschlägigen Fachliteratur in größerem Maße veröffentlicht werden. Zusammenfassend heißt es in dem Urteil:»Den Schutz des § 32 Abs. 1 Nr. 4 WaffG genießt ... nur ein Sammelinteresse, das über den Rahmen einer privaten Liebhaberei hinausgeht und zur Schaffung oder Vervollkommnung von Sammlungen eingesetzt wird, denen unter einem kulturhistorischen Blickwinkel allgemeines, mindestens aber fachgebundenes Interesse entgegengebracht wird.«

Welche Auflagen können Waffensammlern gemacht werden?

Außer den Auflagen, die jedem Inhaber einer Waffenbesitzkarte zur Abwehr von Gefahren für die öffentliche Sicherheit gemacht werden können (s. S. 76), ist nach § 28 Abs. 2 Satz 4 die Erteilung einer speziellen Waffenbesitzkarte für Waffensammler mit der Auflage zu verbinden, mindestens einmal jährlich der zuständigen Behörde eine Aufstellung über den Bestand an Schußwaffen vorzulegen.

4. Waffenführen

Was ist Waffenführen?

Im Sinne des Waffengesetzes führt eine Waffe, wer die tatsächliche Gewalt über sie außerhalb seiner Wohnung, seiner Geschäftsräume oder seines befriedeten Besitztums ausübt (§ 4 Abs. 4). Dabei spielt es keine Rolle, ob die Waffe geladen ist oder nicht oder ob überhaupt Munition mitgeführt wird. Der Tatbestand des Waffenführens ist also auch dann gegeben, wenn jemand außerhalb seiner Wohn- und Geschäftsräume bzw. seines befriedeten Besitztums eine Schußwaffe ohne Munition bei sich hat. Andererseits gilt es nicht als Waffenführen, wenn z. B. jemand in seiner Wohnung eine geladene Schußwaffe am Körper trägt oder zugriffsbereit liegen hat.

Welches Papier benötigt man zum Waffenführen?

Den Waffenschein. Dieser wird nach § 35 für bestimmte Waffen auf höchstens drei Jahre erteilt, kann nach Ablauf jedoch verlängert oder neu erteilt werden. Die Geltungsdauer ist kürzer zu bemessen, wenn nur ein vorübergehendes Bedürfnis nachgewiesen wird. Außer dem Waffenschein müssen die Waffenbesitzkarte und ein Personalausweis oder Paß mitgeführt werden.

Kann der Geltungsbereich des Waffenscheins beschränkt werden?

Ja. Nach § 35 Abs. 2 Satz 2 ist der Geltungsbereich des Waffenscheins auf bestimmte Anlässe oder Gebiete zu beschränken, wenn ein darüber hinausgehendes Bedürfnis nicht nachgewiesen wird.

Kann die Waffenscheinerteilung mit Auflagen verbunden werden?

Ja — nach § 35 Abs. 2 Satz 3 kann der Waffenschein zur Abwehr von Gefahr für Leben, Gesundheit oder Sachgüter sowie für die öffentliche Sicherheit mit Auflagen, insbesondere über das Führen der Schußwaffe, verbunden werden; nachträgliche Auflagen sind zulässig.

Kann ein Waffenschein für mehrere Personen ausgestellt werden?

Ja — nach § 35 Abs. 3 kann ein Waffenschein mit dem Zusatz ausgestellt werden, daß er auch für andere zuverlässige, sachkundige und körperlich geeignete Personen gilt, die auf Grund eines Arbeitsverhältnisses die Schußwaffe nach den Weisungen des Erlaubnisinhabers zu führen haben. Solche Waffenscheine sind mit der Auflage zu erteilen, daß der Erlaubnisinhaber die Personen, die die Schußwaffe führen sollen, der zuständigen Behörde vorher benennt.

Wer benötigt keinen Waffenschein?

Von der Waffenscheinpflicht gibt es einige Ausnahmen. Außer den ohnehin von den waffenrechtlichen Vorschriften weitgehend freigestellten Angehörigen der Bundes- und Landesbehörden benötigt nach § 35 Abs. 4 keinen Waffenschein, wer

1. Schreckschuß-, Reizstoff- oder Signalwaffen, die das PTB-Zulassungszeichen tragen, oder Schußapparate führt,
2. sonstige Schußwaffen
   a) zur befugten Jagdausübung, zum Jagdschutz oder Forstschutz oder im Zusammenhang damit führt,
   b) mit Zustimmung eines anderen in dessen Wohnung, Geschäftsräumen oder befriedetem Besitztum oder in dessen Schießstätte führt,
   c) nicht schußbereit und nicht zugriffsbereit lediglich von einem Ort an einen anderen verbringt, sofern er an beiden Orten keines Waffenscheins bedarf,
   d) eine besondere Erlaubnis nach dem Versammlungsgesetz besitzt.

Was ist »schußbereit«?

Im Sinne des Gesetzes hat eine Waffe als schußbereit zu gelten, wenn sie geladen ist, auch dann, wenn sie gesichert oder nicht gespannt ist.

Was ist »zugriffsbereit«?

Als »zugriffsbereit« im Sinne des Gesetzes gilt eine Waffe, wenn sie mit wenigen schnellen Handgriffen in Anschlag gebracht werden kann, also beispielsweise eine Pistole, die in einer Tasche der Bekleidung, im Hosenbund oder in einem Holster getragen oder im nicht verschlossenen Handschuhfach des Autos aufbewahrt wird. Nicht zugriffsbereit dagegen ist die Waffe, wenn sie im abgeschlossenen Handschuhfach, in einer verschlossenen Aktentasche, in einem speziellen Pistolenkoffer o. ä. transportiert wird oder wenn sie im allgemeinen Gepäck verstaut ist.

Welche Voraussetzungen sind für die Erteilung eines Waffenscheins nötig?

Im Prinzip die gleichen wie bei den anderen waffenrechtlichen Genehmigungen: Mindestalter 18 Jahre, Zuverlässigkeit, Bedürfnis, Sachkunde usw. Außerdem ist nach § 36 Abs. 1 für die Erteilung eines Waffenscheins Voraussetzung der Abschluß einer Haftpflichtversicherung über 500.000 DM für Personenschäden und 50.000 DM für Sachschäden.

Dürfen Waffen an Bord von Schiffen und Flugzeugen mitgenommen werden?

Nur mit besonderer Genehmigung, die für Schiffe der Kapitän, für Flugzeuge die für die Luftfahrt zuständigen Behörden erteilen können. Die gleichen Regelungen gelten auch für Munition.

Dürfen bei öffentlichen Versammlungen Waffen geführt werden?

Bei öffentlichen Versammlungen im Sinne des Versammlungsgesetzes dürfen Waffen nur mit einer besonderen Genehmigung geführt werden. Dies gilt auch für Waffenscheininhaber! Ausnahmegenehmigungen können nach § 39 des Waffengesetzes erteilt werden.

5. Herstellung, Handel, Einfuhr

Bedürfen Waffenherstellung und Waffenhandel einer besonderen Erlaubnis?

Ja. Dabei ist zwischen einer gewerbsmäßigen und einer nicht-gewerbsmäßigen Waffenherstellung zu unterscheiden.

Wer gewerbsmäßig oder selbständig im Rahmen einer wirtschaftlichen Unternehmung Schußwaffen oder Munition

1. herstellen, bearbeiten oder instandsetzen will (Waffenherstellung),
2. ankaufen, vertreiben (feilhalten, Bestellungen entgegennehmen oder aufsuchen), anderen überlassen oder den Erwerb, den Vertrieb oder das Überlassen solcher Gegenstände vermitteln will (Waffenhandel),

bedarf der Erlaubnis der zuständigen Behörde nach § 7 ff.

Für die nichtgewerbsmäßige Waffenherstellung ist ebenfalls eine behördliche Erlaubnis notwendig, die nach § 41 erteilt wird. Sie ist auf höchstens drei Jahre zu befristen und auf eine bestimmte Zahl und Art von Schußwaffen zu beschränken. Außerdem kann sie mit besonderen Auflagen verbunden werden.

Ist das Wiederladen von Patronenhülsen erlaubnispflichtig?

Nur dann, wenn es gewerbsmäßig geschieht. Für das nichtgewerbsmäßige Wiederladen von Patronenhülsen bedarf es keiner Erlaubnis nach dem Waffengesetz. Es sind jedoch die Vorschriften (u. a. Sprengstofferlaubnisschein) des Sprengstoffgesetzes zu beachten.

Was gilt als Bearbeiten oder Instandsetzen von Waffen?

Nach § 7 Abs. 2 wird eine Schußwaffe insbesondere dann bearbeitet oder instandgesetzt, wenn sie verkürzt, in der Schußfolge verändert oder so geändert wird, daß andere Munition oder andere Geschosse aus ihr verschossen werden können, oder wenn wesentliche Teile ausgewechselt werden. Eine Schußwaffe wird jedoch weder bearbeitet noch instandgesetzt, wenn lediglich geringfügige Änderungen, insbesondere am Schaft oder an der Zieleinrichtung, vorgenommen werden. Auch die üblichen Reinigungsund Wartungsarbeiten sind selbstverständlich nicht genehmigungspflichtig.

Darf man Schußwaffen und Munition einführen?

Wer Schußwaffen oder Munition, zu deren Erwerb es der Erlaubnis bedarf, einführen will, muß nach § 27 seine Berechtigung zum Erwerb der Schußwaffen oder Munition oder zum Besitz der Schußwaffen nachweisen, z. B. durch Vorlage der Waffenbesitzkarte oder des Munitionserwerbsscheins.

6. Verbotene Gegenstände

Welche Schußwaffen sind generell verboten?

Nach § 37 Abs. 1 ist es verboten, Schußwaffen herzustellen, zu bearbeiten, instandzusetzen, zu erwerben, zu vertreiben, anderen zu überlassen, einzuführen, sonst in den Geltungsbereich des Waffengesetzes zu verbringen oder sonst die tatsächliche Gewalt über sie auszuüben, die

a) über den für Jagd- und Sportzwecke allgemein üblichen Umfang hinaus zusammengeklappt, zusammengeschoben, verkürzt oder schnell zerlegt werden können,

b) eine Länge von mehr als 60 cm haben und zerlegbar sind, deren längster Waffenteil kürzer als 60 cm ist und die zum Verschießen von Randfeuerpatronen bestimmt sind,

c) ihrer Form nach geeignet sind, einen anderen Gegenstand vorzutäuschen oder die mit Gegenständen des täglichen Gebrauchs verkleidet sind,

d) vollautomatische Selbstladewaffen sind,

e) ihrer äußeren Form nach den Anschein einer vollautomatischen Selbstladewaffe hervorrufen, die Kriegswaffe im Sinne des Gesetzes über die Kontrolle von Kriegswaffen ist.

Welche Geschosse sind generell verboten?

Nach § 8 Abs. 1 der 1. WaffV in der Fassung von § 22 Nr. 2 der 3. WaffV ist verboten die Herstellung, der Erwerb, der Vertrieb, das Überlassen, das Einführen usw. sowie der Besitz von

1. Nadelgeschossen, die für Schußwaffen — ausgenommen Schußapparate — bestimmt sind und bei denen der Durchmesser des zylindrischen Teils nicht mehr als 3 mm beträgt und die Geschoßlänge das Zehnfache des Durchmessers des zylindrischen Teils übersteigt; bei ummantelten Geschossen gilt als Durchmesser derjenige des Kerns.

2. Revolver- und Pistolenmunition (Tabellen 8 a und 8 b der Anlage III zur 3. WaffV) mit
   a) Hohlspitzgeschossen,
   b) Teilmantelgeschossen mit Sollbruchstellen sowie Geschosse für solche Munition.

Dieses Verbot gilt nicht für Gegenstände, die bereits vor dem 1. Januar 1969 im Geltungsbereich des Gesetzes vertrieben worden sind.

Als Hohlspitzgeschoße im Sinne der vorstehenden Bestimmung gelten nicht

1. Vollgeschosse, die einen flachen Kopf haben und in der Kopffläche nicht mehr als 2 mm eingewölbt sind,

2. Vollgeschosse, die einen flachen Kopf haben und mit einer Haube abgedeckt und in der Kopffläche nicht mehr als 2 mm eingewölbt sind,

3. Geschosse, die mit einer Haube abgedeckt sind, eine durchgehende achsiale Bohrung von höchstens 2 mm Durchmesser haben und in der Kopffläche nicht mehr als 2 mm eingewölbt sind.

Welche Zielgeräte sind generell verboten?

Nach § 37 Abs. 1 Nr. 2 und 3 sind für Schußwaffen bestimmte Vorrichtungen verboten, die zum Anleuchten oder Anstrahlen des Zieles oder der Beleuchtung der Zieleinrichtung dienen, sowie Nachtzielgeräte, die einen Bildwandler (Infrarotzielgeräte) oder eine elektronische Verstärkung (Restlichtaufheller) besitzen.

Welche sonstigen Gegenstände sind nach dem Waffengesetz verboten?

— Hieb- und Stoßwaffen, die ihrer Form nach geeignet sind, einen anderen Gegenstand vorzutäuschen, oder die mit Gegenständen des täglichen Gebrauchs verkleidet sind, z. B. Stockdegen usw.,

— Spring- und Fallmesser mit einer Klingenlänge von mehr als 8,5 cm oder sehr schmaler, beiderseits geschliffener Klinge (Stilett),

— Stahlruten, Totschläger und Schlagringe,

— Molotow-Cocktails,

— Nachbildungen von vollautomatischen Kriegswaffen,

— Gegenstände, die nach ihrer Beschaffenheit und Handhabung dazu bestimmt sind, durch Würgen die Gesundheit zu beschädigen.

Gibt es Sondergenehmigungen für Erwerb und Besitz verbotener Gegenstände?

Ja, nach § 37 Abs. 3 kann das Bundeskriminalamt solche Ausnahmegenehmigungen erteilen.

7. Schießen

Was sind Schießstätten?

Schießstätten sind ortsfeste oder ortsveränderliche Anlagen, die ausschließlich oder neben anderen Zwecken dem Schießsport oder sonstigen Schießübungen mit Schußwaffen, der Erprobung von Schußwaffen oder dem Schießen mit Schußwaffen zur Belustigung dienen (§ 44). Sie dürfen nur in Betrieb genommen werden, wenn sie behördlich zugelassen worden sind. Die ortsfesten Schießstätten (Schießstände) sind in Deutschland weit überwiegend im Besitz von Behörden (Polizei, Bundeswehr usw.) oder von jagdlichen oder schießsportlichen Vereinigungen. Einige weitere Schießstände sind im Besitz von Waffenhersteller- oder Waffenhandelsfirmen. Grundsätzlich kann jedoch auch jede Privatperson einen Schießstand betreiben, sofern die Voraussetzungen erfüllt und die notwendigen Genehmigungen erteilt werden.

Ist auf Schießständen eine Aufsicht erforderlich?

Nach § 34 der 1. WaffV hat der Inhaber der Schießstanderlaubnis eine oder mehrere volljährige, verantwortliche Aufsichtspersonen für das Schießen zu bestellen, soweit er nicht selbst die Aufsicht wahrnimmt oder eine schießsportliche oder jagdliche Vereinigung durch eigene verantwortliche Aufsichtspersonen die Aufsicht übernimmt. Die Personalien dieser verantwortlichen Aufsichtspersonen sind zwei Wochen vor der Übernahme der Aufsicht der zuständigen Behörde schriftlich anzuzeigen. Der Anzeige sind Nachweise beizufügen, aus denen hervorgeht, daß die Aufsichtsperson die erforderliche Sachkunde besitzt. Das Ausscheiden der angezeigten Aufsichtsperson oder die Bestellung einer neuen Aufsichtsperson ist der zuständigen Behörde unverzüglich anzuzeigen.

Gibt es ein Mindestalter für das Schießen auf Schießständen?

Nach § 36 der 1. WaffV darf Kindern unter zwölf Jahren das Schießen mit Schußwaffen in Schießstätten nicht gestattet werden. Kinder zwischen zwölf und vierzehn Jahren dürfen mit Luftdruck-, Federdruck- und CO_2-Waffen, Jugendliche zwischen vierzehn und sechzehn Jahren auch mit sonstigen Schußwaffen schießen, wenn der Sorgeberechtigte schriftlich sein Einverständnis erklärt hat oder beim Schießen anwesend ist. Die zuständige Behörde kann aus besonderen Gründen Ausnahmen von dem Alterserfordernis zulassen.

Benötigt man zum Schießen außerhalb von Schießständen eine Erlaubnis?

Von gewissen Ausnahmen abgesehen, benötigt man eine besondere Schießerlaubnis, wenn man außerhalb einer behördlich zugelassenen Schießstätte schießen will (§ 45 Abs. 1 bis 5).

Wann benötigt man keine besondere Schießerlaubnis?

Nach § 45 Abs. 6 benötigt man keine besondere Schießerlaubnis

1. für das Schießen mit Schußapparaten,
2. für das Schießen mit Schußwaffen, wenn die Bewegungsenergie des Geschosses nicht mehr als 7,5 J beträgt oder deren Bauart nach § 21 Abs. 1 Satz 1 Nr. 1 zugelassen ist, mit Randfeuerschrotpatronen mit einem Durchmesser bis 9 mm sowie mit Schußwaffen, aus denen nur Kartuschenmunition verschossen werden kann, im befriedeten Besitztum, wenn die Geschosse dieses nicht verlassen können,
3. in den Fällen der Notwehr und des Notstandes,
4. für das Schießen mit Signalwaffen zur Gefahrenabwehr und bei Rettungsübungen,
5. bei der befugten Jagdausübung einschließlich des Anschießens von Jagdwaffen im Revier sowie beim Jagd- und Forstschutz,
6. bei Theateraufführungen und diesen gleichzuachtenden Vorführungen, wenn zu diesem Zweck nur mit Kartuschenmunition geschossen wird,
7. für die Abgabe von Startzeichen mit Kartuschenmunition im Auftrage der Veranstalter.

Auf welche Tiere darf man im Garten schießen?

Ist eine Schießerlaubnis zum Zwecke der »Schädlingsbekämpfung« in einem Garten, einem Park, einem Friedhof o. ä. erteilt worden, so dürfen trotzdem keineswegs alle Tiere geschossen werden, insbesondere nicht diejenigen, die unter Naturschutz stehen. Bei den sog. jagdbaren Tieren, also bei den Tieren, die vom Bundesjagdgesetz erfaßt werden, sind außerdem die Bestimmungen des Bundesjagdgesetzes und des jeweiligen Landesjagdgesetzes zu beachten. Die allermeisten jagdbaren Tiere sind entweder ganzjährig geschützt oder dürfen nur von dem örtlichen Jagdausübungsberechtigten oder seinem Beauftragten verfolgt und erlegt werden. Hinsichtlich der anderen jagdbaren Tiere — zu denen u. a. auch Wildkaninchen, Füchse, Marder u. a. gehören — sollte man sich unbedingt über die in dem jeweiligen Bundesland gültigen Vorschriften orientieren, um nicht gegen die Jagdgesetze zu verstoßen und infolgedessen u. U. auch die waffenrechtlichen Genehmigungen zu verlieren.

Woran erkennt man, ob eine Waffe zum Schießen zugelassen ist?

Eine Waffe, die nach den deutschen gesetzlichen Vorschriften oder nach den internationalen Übereinkommen auf Sicherheit geprüft und zum Schießen zugelassen ist, trägt — je nach Art der Waffe beziehungsweise der Munition — die vorgeschriebenen Prüf- bzw. Beschußzeichen. Diese sind nicht immer auf den ersten Blick äußerlich sichtbar. Bei Kipplaufwaffen muß man beispielsweise oft erst die Läufe abkippen oder gar abnehmen, um die Beschußzeichen sehen zu können. Doch auch dann, wenn dies einen gewissen Aufwand erfordert, sollte man eine unbekannte Waffe vor dem Schießen daraufhin überprüfen, ob sie die vorgeschriebenen Beschußzeichen trägt. Abgesehen davon, daß das Waffengesetz ein Schießen nur mit solchen geprüften Waffen erlaubt, sollte man sich auch aus Gründen der eigenen Sicherheit streng daran halten. Die Tafel auf S. 112 zeigt die deutschen Beschuß- und Prüfzeichen. Eine Zusammenstellung der in Deutschland gültigen ausländischen Beschußzeichen findet sich in dem im BLV-Verlag erschienenen Buch »Waffenrecht für Sportschützen, Jäger und Waffensammler«.

Deutsche Beschußzeichen ab 1939			
Deutschland 1939–1945	Bundesrepublik 1945–1968	ab 1969	Deutsche Dem. Republik ab 1945

dazu	dazu	dazu	
M Vorbeschuß	**M** Vorbeschuß	**N** zur Verwendung von Munition mit normalem Gebrauchsgasdruck	**S** Vorbeschuß für Schwarzpulver für Schrotlauf
SP Endbeschuß mit Schwarzpulver	**SP** Endbeschuß mit Schwarzpulver	**J** Instandsetzungsbeschuß	**G** Vorbeschuß für Schwarzpulver für Kugellauf
N Endbeschuß mit rauchlosem Pulver	**N** Endbeschuß mit rauchlosem Pulver	**V** Zur Verwendung von Munition mit überhöhtem Gasdruck	**W** Würgebohrung
S Beschuß für Sonderwaffen	**S** Beschuß für Sonderwaffen	⬡ F bei Bewegungsenergie unter 0.75 kpm	**U** Untersuchung
FB Freiwilliger Beschuß	**FB** Freiwilliger Beschuß	▭ PTB Zulassungszeichen für Handfeuerwaffen und Einsteckläufe	**N** Nitropulver
J Instandsetzungsbeschuß	**J** Instandsetzungsbeschuß	◯ PTB Zulassungszeichen für Schreckschuß- und Signalwaffen	**R** Reparatur

Zeichen für Beschußstellen 1945–1968 u. ab 1969

ferner
Herstellerzeichen
Namen, Firma od. Warenzeichen

Datum
z. B. 1254
d. h. Dezember 1954

Berlin

Ulm

Hannover

Kiel
— bis 1968
seit 1969 —

München

Köln

Fortlaufende Nummer
z. B. 18756

Munition
z. B. 7 × 64 oder 16/70

Jahreszahl
z. B. 698 oder gk8
(heißt 1968 August)

Zeichen für Beschußstellen 1939–1945

Oberndorf

Suhl

Zella-Mehlis

Zeichen für Beschußstellen

Suhl

Gelten bei uns auch ausländische Beschußzeichen?

Ja — auch die Beschußzeichen derjenigen Länder, mit denen entsprechende Verträge bestehen, haben bei uns volle Gültigkeit. Sind derartige ausländische Beschußzeichen auf einer Waffe vorhanden, braucht diese Waffe in Deutschland nicht noch einmal beschossen zu werden.

Was hat mit Waffen zu geschehen, die kein gültiges Beschußzeichen tragen?

Bevor diese Waffen zum Schießen benutzt werden, sind sie direkt oder über einen Büchsenmacher oder Waffenhändler einem Beschußamt zur Durchführung der vorgeschriebenen Beschußprüfung einzusenden.

Wann müssen Waffen erneut beschossen werden?

Wenn ein wesentliches Teil im Sinne des Waffengesetzes ausgetauscht, verändert oder instand gesetzt ist, muß die Waffe erneut zum Beschuß vorgelegt werden (§ 16 Abs. 2). Dies gilt nicht, wenn ein Lauf ohne Anwendung von Hilfsmitteln ausgetauscht werden kann, vorausgesetzt, daß der Austauschlauf ebenfalls ein gültiges Beschußzeichen trägt.

Welche Angaben müssen auf jeder Schußwaffe stehen?

1. Der Name, die Firma oder ein eingetragenes Warenzeichen eines Waffenherstellers oder Waffenhändlers, der im Geltungsbereich des Waffengesetzes eine gewerbliche Niederlassung hat,
2. die Bezeichnung der Munition oder, wenn keine Munition verwendet wird, die Bezeichnung der Geschosse,
3. eine fortlaufende Nummer,
4. die vorgeschriebenen Beschuß- oder Prüfzeichen.

Dürfen auch noch andere Angaben auf einer Schußwaffe stehen?

Ja — auf manchen Schußwaffen sind auch noch eine genaue Modellbezeichnung, Markenzeichen, Patentnummern usw. angegeben, was durchaus zulässig ist.

8. Sonstige waffenrechtliche Bestimmungen

Gilt das Waffengesetz auch für staatliche Stellen?

Nach seinem § 6 Abs. 1 ist das Waffengesetz auf die obersten Bundes- und Landesbehörden sowie deren Bedienstete (einschließlich der Bundeswehr und ihrer Soldaten), wenn sie dienstlich tätig werden, nicht anzuwenden, soweit das Gesetz nicht ausdrücklich anderes bestimmt. Für die Geschäftsbereiche der Bundesregierung (5. WaffV) bzw. der Landesregierungen werden die diesbezüglichen Fragen auf dem Verordnungswege geregelt. Außerhalb ihrer dienstlichen Tätigkeit unterliegen auch die Bediensteten des Bundes und der Länder voll den Bestimmungen des Waffengesetzes.

Wieweit gilt das Waffengesetz auch für Kriegswaffen?

Für Kriegswaffen im Sinne des Gesetzes über die Kontrolle von Kriegswaffen gelten nur Teile des Waffengesetzes (s. § 6 Abs. 3), ansonsten das Kriegswaffenkontrollgesetz. Besitzer von Kriegswaffen sollten sich deshalb mit beiden Gesetzen eingehend befassen.

Sind Waffenbesitzer zur Auskunft verpflichtet?

Ja. – Wer eine waffenrechtliche Genehmigung erhalten hat oder sonst die tatsächliche Gewalt über Schußwaffen ausübt, hat der zuständigen Behörde die für die Durchführung des Waffengesetzes erforderlichen Auskünfte zu erteilen (§ 46 Abs. 1).

Müssen Waffen vorgezeigt werden?

Aus begründetem Anlaß kann die zuständige Behörde nach § 46 Abs. 3 anordnen, daß der Inhaber der tatsächlichen Gewalt über Schußwaffen oder Munition, zu deren Erwerb oder Besitz es der Erlaubnis bedarf, oder über waffenrechtliche Genehmigungen, ihr diese vorzeigt.

**Können waffenrechtliche Genehmigungen
zurückgenommen werden?**

Erlaubnisse oder Zulassungen nach dem Waffengesetz müssen zurückgenommen bzw. widerrufen werden, wenn nachträglich bekannt wird, daß sie hätten versagt werden müssen; sie können zurückgenommen bzw. widerrufen werden, wenn nachträglich bekannt wird, daß sie hätten versagt werden können (§ 47).

Sind waffenrechtliche Genehmigungen usw. gebührenpflichtig?

Ja. – Für Amtshandlungen, Prüfungen und Untersuchungen nach dem Waffengesetz werden Kosten nach einer besonderen Gebührenordnung erhoben, die in der 4. WaffV und der dazugehörigen Anlage niedergelegt ist.

Notwehr und Notstand

1. Notwehr

Was ist Notwehr?

Notwehr ist die Verteidigung, die erforderlich ist, um einen gegenwärtigen, rechtswidrigen Angriff von sich oder einem anderen abzuwenden (§ 32 Abs. 2 StGB). Voraussetzungen der Notwehr sind also:

1. Ein Angriff (auf Leben, Gesundheit, Freiheit oder Besitz).
2. Der Angriff muß gegenwärtig sein, d. h. er muß in diesem Augenblick stattfinden oder unmittelbar bevorstehen, nicht aber in einer unbestimmten Zukunft bevorstehen oder bereits abgebrochen sein.
3. Der Angriff muß rechtswidrig sein. Wer einen mit Beute flüchtenden Dieb festhält, begeht zwar auch einen Angriff, nicht aber einen rechtswidrigen Angriff. Der festgehaltene Dieb kann also keine Notwehr üben.

Die Notwehrhandlung, also die zur Abwendung eines gegenwärtigen rechtswidrigen Angriffs durchgeführte Verteidigungshandlung, muß erforderlich sein. Das bedeutet, daß das mildeste, in der jeweiligen Situation zum Ziele führende Mittel anzuwenden ist. Auch darf der durch die Notwehrhandlung angerichtete Schaden nicht außer Verhältnis zu der drohenden Gefahr stehen. Grundsätzlich ist dabei Menschenleben höher zu bewerten als Sachwerte.

Ist Notwehr strafbar?

Nein! Nach § 32 Abs. 1 StGB handelt nicht rechtswidrig, wer eine Tat begeht, die durch Notwehr geboten ist.

Was ist Notwehrüberschreitung?

Notwehrüberschreitung oder Notwehrexzess liegt vor, wenn der Verteidiger bei der Verteidigung das erforderliche Maß überschreitet.

Ist Notwehrüberschreitung strafbar?

Die Überschreitung der Notwehr ist nach § 33 StGB nicht strafbar, wenn der Täter aus Verwirrung, Furcht oder Schrecken über die Grenzen der Notwehr hinausgegangen ist. Anderenfalls ist die Notwehrüberschreitung strafbar.

Was ist Nothilfe?

Als Nothilfe bezeichnet man die Abwehr eines gegen einen Dritten gerichteten Angriffs. Rechtlich gehört sie zur Notwehr. Die Voraussetzungen und Bedingungen sind deshalb dieselben wie bei der Notwehr.

Darf in Notwehr stets von der Schußwaffe Gebrauch gemacht werden?

Nein! — Auch in einwandfreien Notwehrsituationen ist der Schußwaffengebrauch nur dann gerechtfertigt, wenn einerseits mildere Mittel (Abwehr mit Körperkräften, Spazierstock o. ä.) nicht zum Ziele führen würden und andererseits die eventuellen Folgen der Notwehrhandlung in einem angemessenen Verhältnis zu ihrem Erfolg stehen. Bei einem ernsthaften rechtswidrigen Angriff auf Leben oder Gesundheit eines Menschen dürfte der Schußwaffengebrauch stets gerechtfertigt sein, bei einem rechtswidrigen Angriff auf die Freiheit oftmals ebenfalls, sofern der Einsatz geringerer Mittel nicht zum Ziele führen würde. Dagegen dürfte der Schußwaffengebrauch bei einem Angriff auf die Ehre (z. B. Beleidigung) nie, bei einem Angriff auf den Besitz nur in besonderen Fällen gerechtfertigt sein (abgesehen von auch hier zulässigen Warnschüssen, wenn durch sie Menschen nicht gefährdet werden können). Der Schußwaffengebrauch als härteste und in der Wirkung schwerwiegendste Abwehrmaßnahme mit oftmals nicht wieder rückgängig zu machenden Folgen sollte stets als allerletzter Ausweg aus einer ernsthaft bedrohlichen Situation betrachtet werden!

Darf man im Rahmen der Notwehr auf einen mit der Waffe flüchtenden Menschen schießen?

Das hängt von den näheren Umständen ab. Zwei Beispiele mögen das erläutern:

1. Ein Angreifer ist mit einer Doppelflinte (also Schrotgewehr) bewaffnet, deren menschengefährdende Reichweite durchaus begrenzt ist. Nachdem er zwei fehlgegangene Schüsse auf den Angegriffenen abgegeben hat, läuft er — ohne nachzuladen — mit dem Gewehr in der Hand über ein völlig freies Feld ohne jede Deckung davon. Der zuvor Angegriffene ist mit einer Hochleistungsbüchse mit Zielfernrohr ausgerüstet. Er könnte den Flüchtenden also auch noch auf eine Entfernung erreichen, auf die dieser keinen wirkungsvollen Schuß mehr abgeben kann. Hier würde keine Notwehr vorliegen, da der Angriff nicht mehr gegenwärtig, sondern als abgebrochen anzusehen ist.

2. Nach gleicher Vorgeschichte läuft der Angreifer zwar auch von dem Angegriffenen fort, jedoch auf einen nur etwa 50 m entfernten Steinhaufen zu, hinter dem hervor er — selber gegen Schüsse des Angegriffenen weitgehend geschützt — aus einer verbesserten Position erneut schießen kann. In diesem Fall wäre auch ein Schuß auf den vom Angegriffenen Fortlaufenden eine Notwehrhandlung, da das Fortlaufen hier ja keinen Abbruch des Angriffs bedeutet, sondern lediglich eine Verbesserung der Angriffsposition zum Ziel hat. Der Angegriffene braucht in dieser Situation nicht zu warten, bis der Angreifer die neue, verbesserte Schußposition eingenommen hat.

Welche Geschosse dürfen für Notwehrzwecke benutzt werden?

Hierüber gibt es keine speziellen gesetzlichen Vorschriften. Aus naheliegenden Gründen kann es solche auch nicht geben. Der Notwehr-Paragraph (§ 32 Abs. 2 StGB) stellt jedoch durch den Begriff »erforderlich« auf die Verhältnismäßigkeit der Mittel ab. Wer beispielsweise als Geldtransporteur einen Waffenschein besitzt und daraufhin einen großkalibrigen Revolver führt, den er mangels Erlaubnis und Gelegenheit zu keinerlei anderem Zweck als dem einer etwaigen Notwehr einsetzen kann, sollte — um gegebenenfalls keinerlei diesbezüglichen Vorwürfen einen Angriffspunkt zu bieten — solche Geschosse verwenden, die bei möglichst großer Aufhaltekraft keine unnötig großen Verletzungen hervorrufen. Wenn andererseits beispielsweise bei einem bewaffneten Überfall auf ein Einzelhaus lediglich eine Jagdbüchse mit den dazugehörigen, bekanntlich starke Zerstörungen verursachenden Jagdbüchsenpatronen zur augenblicklichen Verteidigung zur Verfügung steht, so ist auch deren Gebrauch gerechtfertigt.

Muß in Notwehr vor einem Schußwaffengebrauch gewarnt werden?

Eine solche Warnung ist nicht bindend vorgeschrieben. Da nach dem Grundsatz der Verhältnismäßigkeit das jeweils mildeste zum Ziele führende Mittel anzuwenden ist, sollte man aber — falls der Situation nach gefahrlos möglich — den Angreifer vor Abgabe eines gezielten Schusses durch entsprechenden Zuruf und/oder durch einen Warnschuß warnen.

Was ist nach einem in Notwehr erfolgten Schußwaffengebrauch zu tun?

Ist bei dem Vorfall ein Mensch verletzt worden, so ist diesem so schnell und so weit wie möglich Hilfe zu leisten, sofern dies ohne erhebliche Gefährdung des Helfenden möglich ist. Weiter sollte so schnell wie möglich für ärztliche Hilfe gesorgt werden. In jedem Fall sollte so schnell wie möglich die Polizei alarmiert und eine durch sie vorzunehmende Tatbestandsaufnahme veranlaßt werden. Zum eigenen Nutzen sollte man sich möglichst umgehend nach dem Vorfall ausführliche eigene Aufzeichnungen machen. Darin müssen nicht zuletzt auch die Namen und Anschriften etwaiger Zeugen festgehalten werden.

Gibt es Notwehr gegen Notwehr?

Nein! — Da eine Notwehrhandlung nicht rechtswidrig ist, kann es gegen sie auch keine Notwehr geben. Wohl aber ist Notwehr gegenüber einer (rechtswidrigen) Notwehrüberschreitung möglich.

Gibt es Notwehr gegenüber Tieren?

Notwehr im Sinne des Gesetzes gibt es nur gegenüber einem menschlichen Angriff. Eine entsprechende Verteidigungshandlung gegenüber einem angreifenden Tier fällt nicht unter Notwehr, sondern unter Notstand. In besonderen Fällen kann allerdings auch die Verteidigung gegen ein angreifendes Tier eine Notwehrhandlung sein, beispielsweise dann, wenn ein mannscharfer Hund von seinem Herrn rechtswidrig auf einen anderen Menschen gehetzt wird und somit lediglich ein Angriffsmittel seines Herrn darstellt.

Wer darf einen auf frischer Tat gestellten Straftäter festnehmen?

Wird jemand auf frischer Tat betroffen oder verfolgt, so ist, wenn er der Flucht verdächtig ist oder seine Persönlichkeit nicht sofort festgestellt werden kann, jedermann befugt, ihn auch ohne richterlichen Befehl vorläufig festzunehmen (§ 127 Abs. 1 StPO). In einem solchen Fall muß der Festgenommene jedoch so schnell wie möglich der Polizei übergeben werden.

2. Notstand

Was ist Notstand?

Ganz allgemein versteht man unter Notstand eine Situation der gegenwärtigen Gefahr für irgendein Rechtsgut, die sich nur durch die Verletzung eines anderen Rechtsgutes abwenden läßt. Die neue, seit dem 1. Januar 1975 geltende Fassung des Strafgesetzbuches unterscheidet den rechtfertigenden Notstand (§ 34 StGB) und den entschuldigenden Notstand (§ 35 StGB). Der Vollständigkeit halber sowie auch wegen der unter Umständen sehr großen Bedeutung der diesbezüglichen zivilrechtlichen Bestimmungen für den Waffenbesitzer werden nachfolgend auch die Bestimmungen der beiden diesbezüglichen Paragraphen des Bürgerlichen Gesetzbuches (§§ 228 und 904 BGB) aufgeführt.

Was ist rechtfertigender Notstand?

Nach § 34 StGB handelt nicht rechtswidrig, wer in einer gegenwärtigen, nicht anders abwendbaren Gefahr für Leben, Leib, Freiheit, Ehre, Eigentum oder ein anderes Rechtsgut eine Tat begeht, um die Gefahr von sich oder einem anderen abzuwenden, wenn bei Abwägung der widerstreitenden Interessen, namentlich der betroffenen Rechtsgüter und des Grades der ihnen drohenden Gefahren, das geschützte Interesse das beeinträchtigte wesentlich überwiegt. Dies gilt jedoch nur, soweit die Tat ein angemessenes Mittel ist, die Gefahr abzuwenden.

Was ist entschuldigender Notstand?

Nach § 35 StGB handelt ohne Schuld, wer in einer gegenwärtigen, nicht anders abwendbaren Gefahr für Leben, Leib oder Freiheit eine rechtswidrige Tat begeht, um die Gefahr von sich, einem Angehörigen oder einer anderen ihm nahestehenden Person abzuwenden. Dies gilt nicht, soweit dem Täter nach den Umständen, namentlich weil er die Gefahr selbst verursacht hat oder weil er in einem besonderen Rechtsverhältnis stand, zugemutet werden konnte, die Gefahr hinzunehmen.

Was besagt das Zivilrecht über den Notstand?

Im Bürgerlichen Gesetzbuch beziehen sich zwei Paragraphen auf den Notstand.

Nach § 228 BGB handelt nicht widerrechtlich, wer eine fremde Sache (wozu im Sinne des Gesetzes auch Tiere gehören!) beschädigt oder zerstört, um eine durch sie drohende Gefahr von sich oder einem anderen (wobei der andere hier kein Angehöriger zu sein braucht!) abzuwenden, wenn die Beschädigung oder Zerstörung (bei Tieren auch Tötung) zur Abwendung der Gefahr erforderlich ist und der Schaden nicht außer Verhältnis zu der Gefahr steht. Hat der Handelnde die Gefahr verschuldet, so ist er zum Schadensersatz verpflichtet.

Nach § 904 BGB ist der Eigentümer einer Sache nicht berechtigt, die Einwirkung eines anderen auf die Sache zu verbieten, wenn die Einwirkung zur Abwendung einer gegenwärtigen Gefahr notwendig und der drohende Schaden gegenüber dem aus der Einwirkung dem Eigentümer entstehenden Schaden unverhältnismäßig groß ist. Der Eigentümer kann Ersatz des ihm entstehenden Schadens verlangen.

Was ist übergesetzlicher Notstand?

Außer dem vorstehend behandelten Notstand im Sinne des Straf- und Zivilrechts kennt man noch den Begriff des übergesetzlichen Notstandes. Er liegt vor, wenn — außer in den Fällen der vorstehend genannten Gesetzesbestimmungen — eine gegenwärtige Gefahr für irgendein Rechtsgut besteht, diese Gefahr nur durch die Verletzung eines anderen Rechtsgutes beseitigt werden kann und dieses andere Rechtsgut wesentlich geringer einzuschätzen ist als das verteidigte Rechtsgut. Auch hier muß — wie bei der Notwehr und dem gesetzlichen Notstand — das mildeste zum Erfolg führende Mittel angewendet werden.

Literaturverzeichnis

Aus der umfangreichen deutschsprachigen Fachliteratur sind nachstehend nur die wichtigsten Werke ausgewählt worden, die dem Interessenten über die Waffen-Sachkundeprüfung hinaus ein tieferes Eindringen in die Materie ermöglichen.

1. Arnold, S.: Das Training des Sportschützen. Selbstverlag, Wiesbaden o. J.
2. Bock, G. und W. Weigel: Handbuch der Faustfeuerwaffen. 5. Aufl., Verlag J. Neumann-Neudamm, Melsungen 1971.
3. Götz, H.-D.: Waffenkunde für Sammler. Motorbuch Verlag, Stuttgart 1975.
4. Hennig, R.: Pistole und Revolver. 5. Aufl., BLV Verlagsgesellschaft, München 1976.
5. Hennig, R.: Schießen mit Faustfeuerwaffen für Dienstgebrauch und Selbstverteidigung. 2. Aufl., BLV Verlagsgesellschaft, München 1975.
6. Hennig, R.: Holster und Griffe für Faustfeuerwaffen. BLV Verlagsgesellschaft, München 1972.
7. Hennig, R.: Waffenrecht für Sportschützen, Jäger und Waffensammler. BLV Verlagsgesellschaft, München 1977.
8. Hessler, W.: Wörterbuch der Ballistik und Schießlehre. Verlag J. Neumann-Neudamm, Melsungen 1973.
9. Hinze, R.: Waffenrecht. Loseblattsammlung. Deutscher Fachschriften-Verlag, Mainz und Wiesbaden, ab 1971.
10. Lampel, W.: Jagdballistik. 2. Aufl., Verlag J. Neumann-Neudamm, Melsungen 1971.
11. Lampel, W. und R. Mahrholdt: Waffen-Lexikon. 8. Aufl., BLV Verlagsgesellschaft, München 1975.
12. Lanz, K. H.: Die besten Tips der besten Schützen. Selbstverlag, Wiesbaden 1969.
13. Lanz, K. H.: Sportschießen. Selbstverlag Deutscher Schützenbund, Wiesbaden 1970.
14. Münstedt, H.: Das neue Waffenrecht. 3. Aufl., Verlag Wittfoth-Werbung, Lübeck 1976.
15. Potrykus, G.: Waffenrecht. 3. Aufl., C. H. Beck'sche Verlagsbuchhandlung, München 1977.

16. Sellier, K.: Schußwaffen und Schußwirkungen. Verlag Max Schmidt-Römhild, Lübeck 1969.
17. Siedel, F.: Das Patronenbuch. BLV Verlagsgesellschaft, München 1977.
18. Standl, H.: Sportliches Pistolenschießen. 3. Aufl., BLV Verlagsgesellschaft, München 1977.
19. Weber, E.: Leitfaden der Jagdwaffenkunde. BLV Verlagsgesellschaft, München 1973.
20. Wissmann, H. v.: Der Schrotschuß. 2. Aufl., Verlag Paul Parey, Hamburg und Berlin 1967.

BLV Waffenbücher

Rolf Hennig
Pistole und Revolver

Ein Leitfaden für den gesamten Umgang mit Faustfeuerwaffen: Sportschießen, jagdliches Schießen, Verteidigungsschießen, polizeilicher Gebrauch, Lehrpläne, Waffenpflege usw. Außerdem gibt der Autor aus seiner langjährigen Praxis wertvolle Tips für den Waffen- und Munitionskauf.

5. wesentlich erweiterte Auflage, 248 Seiten, 158 Abbildungen auf Tafeln

Rolf Hennig
Schießen mit Faustfeuerwaffen
für Dienstgebrauch und Selbstverteidigung

Ein Leitfaden für das gebrauchsmäßige Faustfeuerwaffenschießen. Neben einer genauen Beschreibung aller wirklichkeitsnahen Schießpraktiken Lehrpläne, nach denen unterrichtet und geübt werden kann.

2. erweiterte Auflage, 94 Seiten, 54 Zeichnungen

Rolf Hennig
Holster und Griffe für Faustfeuerwaffen

Dieses Buch gibt Antwort auf zahllose Fragen über die zweckmäßige Tragweise und über die beste Gestaltung der Griffe von Faustfeuerwaffen.

107 Seiten, 69 Fotos, 6 Zeichnungen

Rolf Hennig
Waffenrecht
für Sportschützen, Jäger und Waffensammler

Gesetze — Ausführungsverordnungen — Verwaltungsvorschriften für die Bundesrepublik Deutschland.

Neuausgabe 1977, 236 Seiten

BLV Verlagsgesellschaft München

BLV Jagd- und Waffenbücher

Fritz Siedel

Das Patronenbuch

Dieses Buch schildert die Entwicklung der Patronen parallel zu den Handfeuerwaffen. Dies geschieht gestrafft im Hinblick auf die wichtigsten Entwicklungslinien. Die Kapitel befassen sich mit der Entwicklung bis zu den Metallpatronen, den Metallpatronen ab 1865, den rauchlosen Gewehrpatronen nach 1886, Schrotpatronen, Flintengeschoß-Patronen, Revolverpatronen, Pistolenpatronen, Sondermunition, Militärpatronen der beiden Weltkriege sowie modernen und auslaufenden Jagdpatronen. Dazu enthält das Buch Kapitel über Ballistik und Geschoßformen, Interessantes für den Sammler wie Bodenstempel, Kaliberbezeichnungen und Hülsennummern.

168 Seiten, 16 Farbfotos, 73 Schwarzweißfotos

Eugen Weber

Leitfaden der Jagdwaffenkunde

Ein kurz gefaßter, reich bebilderter Leitfaden, der Grundkenntnisse über Jagdwaffen und ihre Verwendung in übersichtlicher Form vermittelt.

3. Auflage, 107 Seiten, 51 Fotos, 4 Zeichnungen

W. Lampel / R. Mahrholdt

Waffenlexikon

Ratgeber in allen waffen-, schieß- und schußtechnischen sowie einschlägigen optischen Fragen. In dieser »Enzyklopädie des deutschen Schießwesens« werden mehr als 2000 Stichworte und Begriffsbestimmungen behandelt, ergänzt durch Vergleichstabellen und Schußtafeln.

8. Auflage, 679 Seiten, ca. 1200 Abbildungen mit Nachtrag von Kurt Teichmann, 112 Seiten, 53 Fotos, 6 Zeichnungen

BLV Verlagsgesellschaft München

BLV Jagd- und Waffenbücher

Yves Cadiou / Alphonse Richard

Die modernen Handfeuerwaffen

Übersetzt von Rolf Richter

Dieser Band ist eine Fundgrube für jeden Waffenfreund und Waffensammler sowie für alle, die sich für die Technik der tragbaren Handfeuerwaffen und ihre geschichtliche Entwicklung interessieren. Mit
700 Fotos und über 120 technischen Abbildungen und Beschreibungen bietet er einen Gesamtüberblick über die Handfeuerwaffen seit
der Erfindung des rauchlosen Pulvers. Der Bogen spannt sich von
Maschinenpistolen, Wettkampfwaffen, Faustfeuerwaffen, Militärge-
wehren, Jagdwaffen bis zu den Patronen und Zubehör.

223 Seiten, 33 Farbfotos, 667 Schwarzweißfotos, 120 technische
Beschreibungen

Harold L. Peterson / Robert Elman

Berühmte Handfeuerwaffen

Übersetzt von Horst Kallmayer

Dieser prachtvolle Bildband zeigt auf 87 zum Teil doppelseitigen
farbigen Fotos die seltensten und kostbarsten Handfeuerwaffen der
700jährigen Geschichte des Schießens. Es sind wahre Meisterwerke
handwerklicher Kunstfertigkeit. Viele der ausgezeichnet fotografier-
ten und wiedergegebenen Waffen existieren nur noch in einem
Exemplar. Es sind sorgfältig gehütete Kostbarkeiten von Sammlern
und Museen.

2. Auflage, 251 Seiten, 87 Farbfotos, 78 Schwarzweißfotos,
24 Zeichnungen

Herbert Krebs

Vor und nach der Jägerprüfung

unter Mitarbeit von Helmut Krebs

Das unentbehrliche Standard-Lehrbuch zur Vorbereitung auf die
Jägerprüfung zum Nachschlagen.

41. völlig neubearbeitete Auflage, 400 Seiten, 16 Farbtafeln,
325 Fotos, 89 Zeichnungen

BLV Verlagsgesellschaft München